EDWIN COURTENAY

RITUALE UND GEBETE

der Aufgestiegenen Meister

Von den Lords und Ladies
von Shambhala

Edition Sternenprinz

ISBN 3-929475-41-3

4. Auflage 9/02

Aus dem Englischen von Hans-Jürgen Maurer

Korrektorat: Udo Bender
Illustrationen: Titusz Pan nach Entwürfen von Graham Courtenay
Satz und Gestaltung: Werbeatelier Stephan Mayer, Wehrheim

Edition Sternenprinz im Hans-Nietsch-Verlag,
Poststraße 3, D-79098 Freiburg
eMail: sternenprinz@sternenprinz.de; info@nietsch.de
Internet: www.sternenprinz.de; www.nietsch.de

Nichts in diesem Buch
ist wirklich wahr.
Aber dennoch ist alles wahr,
wenn es nur für dich wahr ist.

Dieses Buch ist gewidmet:

meinen physischen Eltern, Joyce und Ron Courtenay,
ohne deren Liebe ich nicht wäre,
meinem Bruder Graham Courtenay und meiner Schwester Jane Courtenay, die die Freude meiner Kindheit waren,
meiner spirituellen Mutter Polly Willmington, die mich lehrte, mich selbst und meine Arbeit zu achten,
und Paul Thomas Lansley, der mich lehrte, ein Mann zu sein.

Möge das Licht immer für euch scheinen und euch segnen!

INHALT

EINFÜHRUNG

von
Saint Germain

Dies ist ein Buch der Wunder, ein Buch der Magie. Und Wunder und Magie liegen darin, daß in diesen Seiten keine Kraft, in diesen Gebeten und Anrufungen kein Zauber und in diesen Symbolen kein Wunder liegt. Die Magie, das Wunder und der Zauber liegen in dir selbst.

Schon im ersten Moment, als du dieses Buch gesehen und berührt hast, begann sich etwas in dir zu verändern. Im ersten Moment, als du den Umschlag geöffnet, das Inhaltsverzeichnis studiert und durch die Seiten geblättert hast, hat sich deine Schwingung erhöht. Dein Bewußtsein hat sich erweitert, und deine Gedanken haben sich zu uns ausgedehnt, ins Reich von Shambhala, der Sphäre der Aufgestiegenen, wo wir, die Meister, als in Gedanken und Gefühlen vereinigte Form und als vereinte Seele existieren.

Wir sind jene, die vorausgegangen sind. Wir sind auf der Erde gewandelt, so wie du heute auf ihr wandelst. Durch unsere Erfahrungen in der irdischen Realität haben wir gelernt, die Beschränkungen von Raum, Zeit und Form zu überschreiten. Wir müssen uns nicht länger inkarnieren, um weiter wachsen zu können. So sind wir in diese andere Dimension aufgestiegen, die »Shambhala« genannt wird, und senden nun unsere Gedanken, unsere Kraft und unsere Leidenschaft zur Erde aus, um denen zu helfen, die wir zurückgelassen haben: der Menschheit, dir. Wir bieten dir Führung und Anleitung, Beistand und Liebe an. Wir möchten dir Beschützer und Gefährte sein, denn du wandelst auf dem Weg des Lichts und schreitest in die herrliche Zukunft voran, die dich bereits erwartet.

Obwohl wir Aufgestiegenen *ein* Licht, *eine* Liebe und *eine* Seele sind, tragen wir alle Erinnerungen und Gedanken von jenen mit uns, die wir einst gewesen sind. Und wir besitzen noch alle Charakterzüge und alle Persönlichkeiten, die wir gelebt haben. Und durch diese Fenster, diese Facetten lassen wir unser Licht scheinen, so daß wir dir unsere Wahrheit auf eine Art mitteilen können, die du am besten verstehst.

Deshalb sprechen wir durch das Fenster, das als *Jesus* bekannt ist, von Liebe. Durch das Fenster, das als *Maria* bekannt ist, sprechen wir über die Kraft der Mutter. Durch das Fenster, das als Maria Magdalena, *Lady Nada*, bekannt ist, sprechen wir über Freude, und durch das Fenster, das als *Saint Germain* bekannt ist – dieses Fenster hier – sprechen wir über Rituale, Zeremonie und Magie.

Wir Aufgestiegenen sind alle eins und gleich und doch getrennte Individuen. Dies ist unsere Realität hier im Reich von Shambhala, wo alle Wahrheit Gottes Wahrheit ist, wo es kein *Falsch* gibt, sondern nur *Richtiges*, und wo Gegensätze einen natürlichen Aspekt der täglichen Realität darstellen.

Von dem Moment an also, in dem du dieses Buch berührt hast, haben sich deine Gedanken zu uns ausgedehnt, und wir haben sie gehört, so sicher wie wir sie jetzt hören. Und so dehnen wir uns aus, übergießen dich mit unserem Licht, nähren dich mit unserer Liebe, unserer Seele. Wir leiten dich an, weiterzulesen

und die Rituale und Zeremonien, die wir zur Verfügung gestellt haben, auszuführen, so daß du uns besser kennenlernst und mehr mit uns arbeitest, so wie wir alle miteinander arbeiten sollen, als Brüder und Schwestern, die den gleichen Weg der Erleuchtung gehen.
So mögest du mehr über dich selbst und deine innere Kraft entdecken, mögest sehen, daß du Gott bist; daß das Göttliche als Funke in dir existiert (der Funke, der dir zu Beginn der Schöpfung Leben geschenkt hat); daß durch diese Resonanz Gott und du eins seid; daß du ein Teil des göttlichen Bewußtseins bist, dem Form und Gestalt auf Erden gegeben wurde.

Diese Rituale und Zeremonien wurden geschaffen, um dir deine eigene göttliche Präsenz, deine eigene Gotteskraft bewußter zu machen; damit du diese Kraft gebrauchst, um Transformation und Veränderung in dein Leben, in dein Bewußtsein oder in das Bewußtsein anderer zu bringen; damit du die Welt ins Licht führst. Entweder deine persönliche Welt, die um dich herum existiert, oder die Welt als Ganzes.

Die Rituale und Zeremonien sind einfach. Sie sind weder kompliziert noch schwierig. Komplexität kann uns nicht auf die Kräfte des Göttlichen einstimmen, sondern trennt uns von ihnen. Denn das Göttliche ist einfach. Und deshalb müssen alle Brücken, die wir bauen, um uns mit dem Göttlichen zu verbinden (sei es innerlich oder äußerlich), ebenfalls einfach sein.

Die Rituale wurden so geschaffen, daß es dir leichtfallen wird, dich erneut der Ausübung von Zeremonien zu widmen. Sie eröffnen dir den Zugang zu deiner eigenen inneren Kraft und verbinden dich auch mit unserer Kraft. So können wir dir bei deiner Selbstentdeckung und der Entdeckung der Welt zur Seite stehen.

Anfangs, wenn du diese Rituale und Zeremonien anwendest, bemerkst du vielleicht einen Widerstand in deinem Herzen oder

in deinem Geist. Er wird allmählich verschwinden. Es handelt sich dabei um unbewußte Erinnerungen an Zeiten, in denen du Rituale und Zeremonien ausgeführt hast und von ignoranten Menschen, die darin dunkle Zauberei und Magie sahen, verfolgt, gequält und vielleicht sogar getötet wurdest.
In Wahrheit jedoch hat jede Kultur und organisierte Religion seit Anbeginn der Zeit Rituale und Zeremonien benutzt, um das Göttliche zu verehren, um jene verborgenen Kräfte anzuzapfen, die in der Welt existieren.

Die Rituale und Zeremonien selbst tragen in sich keine Kraft. Du allein bist die Quelle der Energie und Stärke. Ein Ritual ist einfach nur eine Linse, ein Brennpunkt, der deinem Geist, deiner Seele und der Leidenschaft deines Herzens erlaubt, sich zu einem feinen Energiepunkt zu bündeln, um dadurch die Veränderungen in deiner Realität und deinem Bewußtsein zu ermöglichen, damit das Wunder geschehen kann.

Zu Beginn der meisten Rituale fordern dich die Meister auf, einen heiligen Raum zu schaffen. Ein heiliger Raum ist ein Ort, an dem du nicht von anderen gestört werden kannst. Schaffe ihn, indem du Kerzen und Räucherwerk anzündest, sanfte, schöne Musik spielst und dich selbst in einen Kreis aus Licht stellst, den du durch die Kraft deines Geistes dreimal im Uhrzeigersinn um dich herum gezogen hast. Dieser Kreis ist nicht nur dein Schutz und Schild, er dient auch als Sammelpunkt. In ihm kann sich die Kraft, die dir beisteht, die du aufnimmst und durchfließen läßt, sammeln und aufbauen, damit du und das Ritual gestärkt werden und sich das Ergebnis, das du wünschst, manifestieren kann.

Die Visualisierung kann folgendermaßen geschehen: Öffne das Chakra, das über deinem Kopf schwebt und als Kronenchakra bekannt ist. Erlaube nun, daß weißes Licht hineinfließt. Kanalisiere dieses Licht durch deinen Körper in deine rechte Hand. Strecke Zeige- und Mittelfinger aus, lasse das Licht als Strahl oder Flamme austreten und zeichne damit einen Kreis auf den Boden.

Vorstellungskraft ist die Essenz von Manifestation. Und selbst wenn du nichts wahrnimmst: Solange du nur wünschst, daß es so wäre, und du dir vorstellst, daß es so ist, wird es auch so sein. Stell dir vor, wie du in einem Lichtkreis oder einem Feuerkreis stehst. Er schützt dich und sammelt und verstärkt die Energie, die in ihm entsteht. Es reicht wirklich völlig aus, den Prozeß der Manifestation des Kreises in den unsichtbaren Reichen der spirituellen Realität zu beginnen.

Es ist wichtig, daß der Ort bequem ist, daß das Räucherwerk, das du verbrennst, angenehm ist, daß das Kerzenlicht ausreicht, daß sich ein Stuhl oder Kissen in dem Kreis befindet, auf dem du sitzen und dich ausruhen, meditieren und das Ritual ausführen kannst. Es ist wichtig, daß du alle Gegenstände beisammen hast, die das Ritual verlangt. Es wird zwar nichts ausmachen, den Kreis zu verlassen, wenn du etwas vergessen hast. Doch ist es besser, das Ritual in einer sanften Einheit auszuführen.

Falls du dich sicherer oder kraftvoller in einem Kreis fühlst, den du sehen kannst, markiere ihn mit Salz auf dem Boden. Oder mit Steinen, Blumen oder Kerzen. Es ist wichtig, daß du die Realität des Kreises fühlen kannst und daß du alles dafür tust.

Ein heiliger Raum kann auch ohne Ritual nützlich sein. Du kannst darin meditieren oder schlafen, dir oder einer anderen Person Heilung geben oder Gebete sprechen.

Dieses Buch ist ein Spiegel. Und die Kraft, der Zauber und das Wunder, die du in ihm findest, gehen ausschließlich von dir selbst aus und haben auch ihren Ursprung nur in dir selbst. Dieses Buch wird dich führen, damit du diese Kraft entdecken kannst. Du mußt dich nur deinem höheren Willen und deinem

Herzen hingeben. Wisse, daß die Dinge, von denen dieses Buch spricht, aus einer Quelle der Liebe stammen, habe also keine Angst. In diesen Seiten ist nichts enthalten, was dir schaden kann. Es kann dich nur stärken, heilen und erwecken. Schreite nun voran und tauche mit Mut und Liebe im Herzen und Frieden in deinem Geist in dieses Buch ein. Und wenn du nun weiterliest und die ersten Rituale durchführst, dann wisse, daß wir bei dir sind. Wisse, daß unsere Augen deine Bewegungen beobachten, unsere Gedanken deine Hände anleiten und unsere Herzen und Seelen dich schützen und beschirmen. Fühle unsere liebevolle Umarmung, spüre unsere liebende Gegenwart. Wisse, daß wir – die Brüder und Schwestern des Lichtes – immer bei dir sind und du niemals alleine bist.

LADY NIGHTINGALE

Das Ritual des Erwachens

Das spirituelle Selbst der meisten Menschen schläft. Es ist der Teil von uns, der sich daran erinnert, wie die Welt einst war. Es ist der Teil, der das Gesicht Gottes kennt und wahrhaft versteht, daß die Realität erschaffen wurde, um Freude und Liebe zu begreifen. Es ist der Teil, der versteht, daß aller Kummer und alle Schmerzen, die wir auf unserem Weg erfahren, nur Illusionen sind – oder wertvolle Lehrer, die uns zur Erleuchtung und Selbstmeisterung führen.

Tief im Innern besitzt die Menschheit ein Verlangen zu wissen, was die wahre Quelle allen Lebens ist. Und so hat sie Komplexität und Philosophie geschaffen und ein vielschichtiges Bild des Göttlichen auf der Basis von Vermutungen entworfen. Die Menschen denken, daß sie erst wissen müssen, was das Göttliche ist, dann würden sie auch ihren eigenen Lebenszweck und das letztendliche Ziel ihres Lebens erkennen.

Die Wahrheit ist jedoch, daß die göttliche Quelle allen Lebens nicht komplex, sondern einfach ist. Und alle Dinge wurden nach dem einfachen Bild des Göttlichen geschaffen. Mit ihrer Erfindung der Komplexität und der Anwendung ihrer komplexen Theorien auf Gott haben es sich die Menschen selbst unmöglich gemacht, die Antwort auf ihre Frage zu finden.

Wenn die Menschen eines Tages das Gesicht Gottes wiedersehen und verstehen sollen, warum sie hier sind und was die göttliche Quelle ist, dann müssen sie beginnen, in sich selbst die Antwort zu suchen. Denn jede wahre Antwort ist im eigenen Selbst verborgen. Doch in der Zwischenzeit schläft der spirituelle Teil der menschlichen Natur weiter.

Obwohl Gott unendlich ist und Energie unendlich ist, obwohl die Liebe des Göttlichen wie eine bodenlose Quelle ist, die sich niemals erschöpft, ist doch die Zeit limitiert. An der Schwelle des neuen Jahrtausends wird die Menschheit mit einer Entscheidung konfrontiert, die entweder durch das Tor des Paradieses führt – endlich zurück in den lange verlassenen Garten Eden, zurück zur wahren spirituellen Natur und zum wahren spirituellen Erbe – oder durch ein dunkles Tor, was die Erde letztendlich ins Chaos und ins Verderben führen wird.

Wenn wir durch das Tor des Lichtes gehen, wie es schon seit Tausenden von Jahren in allen Kulturen der Erde prophezeit wird, dann muß die Menschheit erwachen. Die spirituellen Anteile unserer Brüder und Schwestern, die immer noch schlafen, müssen sanft geweckt werden. Sie müssen ihre Augen öffnen, damit sie den Sonnenlauf im kommenden Wassermannzeitalter sehen können.
Wir, das sind du und ich, sind die Boten dieser neuen Realität. Wir sind die Avantgarde, die Lehrer und Kundschafter. Es ist unsere Pflicht, den immer noch Schlummernden zu helfen. Wir müssen sie sanft wecken, damit sie die Wahrheit in der neuen Morgendämmerung erkennen mögen.

Erwachen ist nicht einfach. Viele sind in der Vergangenheit zu abrupt zu den neuen Wahrheiten der Realität erwacht, ohne ein solides Fundament zu besitzen. Das Licht der neuen Sonne hat sie irritiert, und sie fielen hin. Andere haben sich vor dem, was sie sahen, so gefürchtet, daß ihre Augen nun fest verschlossen sind und sie nicht mehr wagen, ins Licht zu schauen. Andere, zufrieden in ihrem Traum, denken, daß wir, die wir von den neuen Wahrheiten und Verheißungen sprechen, verrückt sind, daß wir die Träumer sind, während sie allein wirklich wach seien.

Erwachen ist ein heikler und fragiler Prozeß, der mit Liebe, Sanftheit und Freude behandelt werden muß. Wir, die wenigen Auserwählten, wandern auf unserem Weg, ausgerüstet mit den Aufgaben, die uns Gott, die Meister und die Engel mitgegeben haben, und begegnen den Menschen, von denen wir tief in unserem Herzen wissen, von denen diese Stimme in uns sagt, daß sie bereit sind zu erwachen, daß ihnen das Licht und der Weg gezeigt werden muß.

Deine Kinder und dein Ehepartner, deine Eltern und deine Freunde, all jene, die dich noch für verrückt erklären, dich wegen deiner Ansichten für einen Außenseiter der Gesellschaft halten, müssen auch erwachen. Und obwohl wir ihren freien Willen nicht stören dürfen, können wir uns doch etwas Mühe geben, sie sanft aufzuwecken, damit sie die Wahrheit erkennen mögen.

In meiner alten Kultur wurde geglaubt, daß die Seele eines Schlafenden weit weg vom physischen Körper in andere Welten und Realitäten, in die Traumzeit-Ebenen, wandert. Daher sollte er nicht zu abrupt aufgeweckt werden, sonst könnte der Teil von ihm, der auf der Wanderung ist, die Verbindung zur Silberschnur verlieren, die die Seele mit dem physischen Körper verbindet, und den Weg niemals zurückfinden. Die aufwachende Person würde ein Fragment ihrer Seele verlieren und so in ihrer Kraft und Absicht geschwächt werden.

Deshalb wurde es in meiner Kultur für klug erachtet, Schlafende durch Singen sanft aufzuwecken. Die Seele würde die süßen

Töne hören und könnte unverletzt zu ihrer physischen Form zurückkehren. So könnte der Schlafende voll und ganz und mit intakter Kraft erwachen. Dies gilt auch für jene, die spirituell schlafen. Wenn sie zu schnell geweckt werden, könnte ihr spirituelles Selbst die Verbindung zum Körper verlieren, und sie würden niemals das Licht der neuen Morgendämmerung sehen.

Das folgende Ritual soll dich anleiten, die Menschen beim Aufwachen zu unterstützen, von denen du weißt, daß sie dazu bereit sind. Es ist kein Ritual, das ihnen sofort die Augen öffnen wird, ihnen ihre volle Kraft geben und ihnen zeigen wird, wer sie einst waren, wer sie jetzt sind und wer sie sein werden. Es ist eine Einladung, ein Aufruf, sich der Wahrheit zuzuwenden. Dieses Ritual ist wie das Lied des Vogels, der den verirrten Wanderer wieder auf die Lichtung zurückführt.

Beginne mit der Reinigung deines Körpers und ziehe dein Ritualgewand an. Bereite nun den Altar vor. Lege eine weiße Decke über ihn und stelle drei weiße Kerzen darauf, die du als Dreieck anordnest. Lasse sie in der Dunkelheit hell brennen.
Halte nun Fotos der Menschen in deiner Hand, die du gerne einladen möchtest zu erwachen. Zentriere dich, nenne die Namen der Personen und rufe eine schöne Erinnerung herbei, die euch miteinander verbindet. Lächle dabei und küsse das Foto. Baue nun in dir ein starkes Gefühl der Verbindung zu dieser Person auf, eine Resonanz, die euch beide durch die Fäden des Bewußtseins miteinander verknüpft. Dies sind die universellen Bänder, die alle Menschen durch das Gewebe der Realität miteinander verbinden.

Lege nun das Foto (oder die Fotos) in dieses Dreieck und dekoriere den Altar mit Gegenständen, die für dich spirituelle Wahrheit enthalten oder das erwachende neue Wassermannzeitalter darstellen. Dies können Bücher oder Kristalle sein, Bilder oder Figuren; jene Dinge, die auch du auf deinem Weg des Lichts verwendest. Setz dich nun zurück und nimm drei tiefe Atemzüge.

Zeichne mein Symbol in die Luft und schau voller Liebe in die Gesichter auf den Fotos, die du auf den Altar gelegt hast. Schließe deine Augen, nimm noch einen tiefen Atemzug und fange an zu singen.

Singe die sanften Töne, die in dein Bewußtsein treten. Gib den Tönen keine Worte, sondern erlaube deinem Weckruf, zu einer kleinen Sinfonie zu werden. Zu Beginn singe leise, langsam und melodisch. Laß die ganze Schönheit deiner Seele hineinfließen. Es spielt keine Rolle, ob du die Melodie, die du singst, kennst. Das einzige, was zählt, ist, daß du in jede Note die ganze Liebe deines Herzens und deine ganze Sehnsucht nach dem Erwachen deiner schlummernden Schützlinge legst. Stelle dir vor, wie sie schlafend in ihrem Bett liegen und sich der spirituellen Wahrheiten nicht bewußt sind. Sieh, wie sie sich mit jedem Lied, mit jeder gesungenen Note etwas zu bewegen beginnen. Sie beginnen aufzuwachen, sie beginnen die Wahrheit zu sehen.

Wenn du möchtest, stell dir vor, daß aus deinem Herzen Energielinien kommen, die dich mit der Person wie mit Lichtfäden verbinden. Siehe, wie deine gesungenen Töne an diesen Lichtfäden entlangvibrieren und vom Geist der Person aufgenommen werden. Mit jedem Takt und mit jedem Refrain lade sie ein zu erwachen. Lade sie ein, die Augen zu öffnen. Lade sie ein, die Wahrheit zu sehen. Lade sie ein, die spirituelle Welt zu umarmen.

Wenn du dein Lied gesungen hast, lege einen klaren Bergkristall auf die Fotos. Lasse Kristall und Fotos eine Mondphase lang so liegen. Versuche nun, nicht mehr an das Ritual zu denken. Erlaube nur noch den drei Kerzen, ganz abzubrennen, damit ihr Licht und ihr Wachs die Einladung verstärken, die du in den Äther gegeben hast.

Sollten jene, für die du gesungen hast, deinen Bittruf akzeptieren und zur spirituellen Wahrheit erwachen, dann heiße sie mit offenen Armen in der neuen Realität willkommen, die sie so mutig betreten haben. Gib ein Fest für sie, feiert zusammen und sei ihnen das, was dein Schutzengel für dich ist. Wache über ihre ersten schwankenden Schritte auf dem Weg, führe sie, ermutige sie sanft und gib ihnen gerade so viel geistige Nahrung, wie sie momentan brauchen. Nähre sie, wie du einen kleinen verletzten Vogel nähren würdest, um ihn nach einer bestimmten Zeit wieder in den blauen Himmel davonfliegen zu lassen, wo er das Licht der neuen Sonne umarmen kann.

Dieses Ritual kannst du alleine oder in einer Gruppe ausführen. Die Gruppe bildet den Kreis, und in seiner Mitte liegen die Fotos der Menschen, für die ihr das Ritual zelebriert. Findet ein Lied, das ihr alle kennt und gemeinsam singen könnt.

So wie der Hahn am Morgen die Sonne begrüßt und den Anbruch eines jeden neuen Tages feiert, müssen auch wir mit unserem Licht jene erwecken, die schon viel zu lange schlafen, von denen wir aber wissen, daß sie langsam und im Einklang mit Gottes Gnade aufwachen sollen. Wir müssen sie sanft berühren und sie sanft zur neuen Wahrheit erwachen lassen.

Mit jeder Seele, die erwacht und beginnt, im Licht zu sehen, was möglich ist, wird die Welt heller und besser. Und wenn wir einst vor dem Tor stehen, das zum Paradies führt, oder vor dem dunklen Tor, das in die Zerstörung führt, dann wird die Welt gerettet sein, wenn nur genügend von uns das Licht des neuen Tages erkennen. Dann wird die Menschheit Gottes Gesicht wiedersehen.

SERAPIS BEY

Das Ritual der Engel

So, wie die Welt sich weiterentwickelt, kommt auch die Menschheit mehr und mehr mit den Engeln in Kontakt, denn es ist vorbestimmt, daß die Welt sich immer mehr auf die himmlischen Kräfte und auf das Bewußtsein Gottes ausrichtet. Die Engel sind Botschafter Gottes und bringen sein Wort und sein Bewußtsein auf die Erde. Sie werden den Menschen ermöglichen, den Übergang zu bewältigen, und direkt mit der Kraft der göttlichen Quelle in Verbindung zu treten.

Die Anerkennung und Wahrnehmung von Engeln vollzieht sich durch Bilder, Geschichten, Bücher, Musik, Kunstgegenstände und Erfahrungen und pragt mit fortschreitender Evolution immer stärker das Bewußtsein der Menschen. Engel können den Menschen so viel geben: Verständnis, Wissen, Wahrheit, Liebe, Kraft und Heilung. Sie besitzen die Fähigkeit, die Realität leicht und mühelos erscheinen zu lassen und den Menschen wieder ein Gefühl der Grenzenlosigkeit zu vermitteln. Sie können die Menschen sanft in den Strom des göttlichen Bewußtseins zurückführen. Sie können den Menschen ein Verständnis der größeren Wahrheit geben, die das übersteigt, was sie gegenwärtig wissen und verstehen.

Engel tragen in ihrem kollektiven Geist die Erinnerung an die Erde, wie sie einst war, und jeder Engel trägt in seinem Herzen Bilder von der Schönheit und Göttlichkeit der Menschen. Dieses Wissen können sie dem Bewußtsein der Menschheit wiederbringen, so daß sie erneut mit dieser Energie vertraut wird und die Erde an einen Punkt gebracht werden kann, an dem sie in ihrer Vergangenheit schon einmal war und der paradiesisch und voller Wunder war.

Die Begegnung mit den Engeln ist viel leichter, als man sich gewöhnlich vorstellt. Es besteht überhaupt keine Notwendigkeit für verwickelte Rituale, das Aufbauen eines komplizierten magischen Kreises, das Invozieren der Engel in Hebräisch oder Latein, astrologische Konvergenzen oder rituelle Zeremonie und Magie.
Engel sind allzeit um uns. So zum Beispiel unsere Schutzengel, die uns in bestimmten Aufgaben unterstützen; dann die Erzengel und ihre Helfer sowie die Legionen von Engeln, die auf höheren Ebenen wirken. Ein Teil ihres Bewußtseins ist ständig auf die Evolution und Entwicklung der Menschheit gerichtet und unterstützt sie in ihrem Wachstum und spirituellen Fortschritt.

Die Begegnung mit Engeln ist eine Frage der Absicht, der Emotionen und der Gedanken. Sie erfordert das gleichzeitige Ausdehnen von Herz und Verstand, die Öffnung und Bewußtwerdung für die feine Gegenwart dieser glanzvollen Wesen. Es geht nicht um mühevolle Konzentration, sondern um Entspannung und Hingabe. Dies wird ihrer Kraft und Gegenwart erlauben, sanft in dein Leben zu treten. Du kannst die Engel in jedem Gegenstand, in jedem Wort und in jeder Emotion sehen. Du kannst die Gegenwart der Engel durch Bilder und Figuren spüren, durch Worte, die du leise in den Tiefen deines Herzens und Geistes hörst, durch Gefühle großer Freude und Liebe.

Doch es gibt Zeiten, in denen wir traurig oder unglücklich sind, in denen unser Licht nicht ganz so hell leuchtet und unsere Schwingung niedrig ist, Zeiten, in denen wir nicht fähig sind, diesen hohen Kontakt herzustellen. Dann ist es schwierig, die Hände auszustrecken und die Hilfe jener ungesehenen Helfer zu empfangen, die uns geben können, was wir suchen und ersehnen.

Das Ritual, das weiter unten beschrieben ist, wird dir einen einfachen Weg zeigen, Engelwesen zu begegnen und einen Raum in deinem Herzen zu öffnen, in den diese glanzvollen Wesenheiten eintreten können, um dich mit ihrer himmlichen Weisheit und Ausstrahlung zu erfüllen.

Bevor du beginnst, treffe einige Vorbereitungen.
Besorge einige Federn oder Blütenblätter (weiß, wenn möglich), einen runden oder quadratischen Spiegel, den man auf den Tisch oder Boden legen kann, eine weiße oder silberne Kerze und etwas Räucherwerk, möglichst Weihrauch oder Myrrhe.
Zu Beginn ist es wichtig, ein Bad zu nehmen, dem etwas ätherisches Weihrauchöl zugesetzt ist. Entspanne dich im Bad und lasse dich von der Energie erheben. Lasse zu, daß alle Negativität, die in deinem physischen, mentalen, emotionalen oder spirituellen Körper existiert, besänftigt, gereinigt und gebannt wird.
Wenn du im Bade liegst und dich entspannst, atme tief den Duft ein. Lasse ihn in deinen Körper einfließen und deinen Körper umgeben.

Nach dem Bad kleide dich in weiße Kleidung oder Gewänder und brenne das Räucherwerk in dem Raum ab, in dem du das Ritual ausführen möchtest. Nun bereite den Ritualbereich vor. Wenn du genügend Blütenblätter oder Federn gesammelt hast, lege damit einen Kreis auf dem Boden aus, so daß du darin sitzen kannst. Lege nun den Spiegel in die Mitte des Kreises und ordne die restlichen Federn oder Blütenblätter so um den Spiegel herum an, daß sie vom Spiegel reflektiert werden. Dann stelle die Kerze so hin, daß du ihre Flamme im Spiegel sehen kannst, wenn du später tief in ihn hineinsiehst.

Stelle sicher, daß du während des Rituals nicht gestört werden wirst. Bevor du die Kerze anzündest, nimm dir ein paar Momente, um dich zu sammeln und ruhig zu werden. Atme tief ein, laß Stille in dein Herz und deinen Geist einkehren, lasse alle Gedanken von Kummer und Schmerz los und komme in deine Mitte.

Nun zünde die Kerze an, zeichne mein Symbol hinein und beuge dich über den Spiegel. Schau in dein Gesicht, wie es vom Kerzenlicht erhellt und von den Federn umrahmt wird, die vom Spiegel reflektiert werden und doppelt erscheinen. Diese Federn sind die Schwingen der Engel, die dich immer umgeben und schützen; die dich inspirieren, erheben, heilen und lieben. Schau dir die Federn an, betrachte deine Gesichtszüge und schau dir dann selbst tief in die Augen. Wenn du dich so ansiehst, versuche nur gute Gedanken über dich selbst zu denken. Bewundere dich selbst, respektiere dich, ehre und liebe dich.

Falls du dies schwierig findest, dann denke an Situationen oder Menschen, die Freude oder Liebe in dein Leben bringen. Dies können Freunde, Familienmitglieder, Geliebte oder Ehepartner sein. Versuche, tief in deinem Herzen ein starkes Gefühl von Freude und Glück aufkommen zu lassen. Dann setze dich wieder aufrecht hin und lies folgendes Gebet laut vor:

Serapis Bey, Aufgestiegener Meister und Engel, führe meine Gedanken und meine Gefühle hoch in den Himmel. Richte mich ganz auf die Kräfte der Engel aus und laß mich ihnen begegnen. Erlaube ihnen, noch mehr in mein Leben zu treten, damit ich ihre Gegenwart in allem, was ich tue, erkenne und sehe; damit ich sie in allem, was ich sage, fühle; damit ich sie in allen meinen Gefühlen spüre; damit ich sie in meinen Gedanken und meinem Leben erfahre.
Kommt näher, ihr Engel! Betretet diesen heiligen Ort und nehmt an meiner Kontemplation und Meditation teil. Schließt eure sanften weißen Schwingen um mich, damit sie mich vor den Widrig-

keiten des Lebens beschützen und mich in Reinheit, Klarheit und Sicherheit umfangen.
Beruhigt meine sorgenvolle Stirn mit euren sanften Händen; bedeckt mich mit euren zarten Küssen; heilt meinen Verstand und mein Herz von allen Schmerzen.
Himmlische Wesen aus Licht, tretet in mein Leben. Bringt eure Schönheit und eure Wunder, damit ich sie sehen und kennen möge.

Nimm dir nun einige Momente, öffne dich in der Meditation und erlaube dem Licht und den Energien der Engel, in dein Leben und dein Bewußtsein zu treten. Entspanne dich, atme tief ein und lasse zu, daß du ganz mit Führung, Wissen, Verstehen und Liebe erfüllt wirst.

Du kannst auch Fotografien von Menschen auf den Spiegel legen, von denen du glaubst, daß auch sie vom Kontakt mit den Engeln profitieren könnten. Lege die Fotografien mit dem Gesicht auf den Spiegel, so daß auch sie reflektiert werden. Wenn du das Ritual beendet hast, lasse den Spiegel mit den Fotos und den Federn so lange liegen, bis die Kerze ganz abgebrannt ist.

Falls du das Ritual nicht auf diese Weise beendest, erlaube der Kerze ebenfalls, ganz herunterzubrennen, sammle aber die Federn ein und bewahre sie auf, falls du dieses Ritual wiederholen möchtest.

Nimm eine Feder und behalte sie für den Rest des Tages bei dir. Stecke sie in deinen Geldbeutel, in deine Brief- oder Handtasche. Und wenn du einen bestimmten Wunsch hast oder ein Gebet sprechen möchtest, dann halte diese Feder in der Hand. Lade sie mit deinem Wunsch auf und stecke sie in die Erde, damit dieser besondere Wunsch zu den Engeln getragen wird.

Unsere Liebe und unsere Führung ist immer bei dir. Sie ist ein einfaches, aber kraftvolles Licht, das alle Dinge durchdringt, obwohl sie wie die Luft nicht gesehen werden kann. Öffne dich der Weisheit und den Wundern der Engel und erlaube uns, in dein Leben zu treten und dich mit Freude zu erfüllen.

LADY MIRIAM

Die Rituale der Jahreszeiten

Ich bin Miriam, einst bekannt als Guinevere, Großkönigin von England, Hohepriesterin des Landes; Mädchen, Mutter und Alte für die Urgöttin auf Erden. Ich bringe das lieblichste Ritual, das der Welt, in der du lebst, am nächsten ist; jener Welt, durch die du teilhast an Nahrung und Existenz. Ich bin gekommen, um das Ritual zu stiften, das mit dem immerwährenden Zyklus der wechselnden Jahreszeiten der Erde, die eure Mutter ist, zu tun hat. Mein Ritual ist das Ritual der Veränderung, der Zyklen und Jahreszeiten, der Wetterbewegungen, der Fruchtbarkeit des Landes, der wechselnden Gesichter der Göttin selbst.

Wie alle Dinge, die gut und wahr sind, wie alle Dinge, die geben, ohne Dank zu erwarten, wie alle Dinge, die unendlich und bedingungslos lieben, wird auch die Erde für selbstverständlich erachtet und ignoriert. Sie ist zu etwas Alltäglichem geworden, und das Wunder, das sie wirklich ist, bleibt unerkannt. Aber die Erde, auf der ihr lebt, ist keine beliebige, zufällige Ansammlung von chemischen Stoffen und Energien. Sie ist nicht nur Blätter und Bäume, Blumen und Gräser, Hügel und Berge, Flüsse oder Ströme. Sie ist eine fühlende, bewußte, verständige Lebenskraft, eine Seele, die die Form eines Planeten hat anstelle eines

Menschen, eines Tieres oder eines Steines. Sie ist ein komplexes lebendiges Wesen, das alle Elementeigenschaften seiner Natur und Existenz kombiniert und im Gleichgewicht hält, um die Erde, den Planeten, zu bilden, jene Mutter, die für die Schöpfung von euch allen verantwortlich ist.

Die Erde ist durch ein vereintes Bewußtsein zusammengefügt, ein Bewußtsein, das sich auf alles Leben auf dem Planeten, auf Flora und Fauna ausdehnt. Sie ist ein globaler Organismus, der sich aller Teile seines Wesens bewußt ist und auf sie eingeht, ob sie nun gerade Sommer oder Winter, Frühling oder Herbst erfahren, ob sie durch Tausende von Meilen getrennt sind oder Seite an Seite in einem Wald leben. Die Erde ist die weibliche Schöpfungskraft, verkörpert in einem kleinen physischen Universum, das wir unsere Heimat nennen. Sie ist ein herrlicher, majestätischer und magischer Planet.

Trotz der Zerstörungswut, die die Menschheit an ihr ausläßt, trotz der Intoleranz und Ignoranz, trotz des Hasses, der Angst und der Manipulation liebt die Erde, die in ihrer Natur weiblich ist, ihre Kinder, die von ihr abhängen und von ihr leben. Selbst auf das Risiko ihres eigenen Untergangs hingibt und gibt sie alles her, bis es aufgezehrt und verloren ist.

Wie eine Frau durchläuft auch die Erde verschiedene Zyklen des Seins: den jungen, frischen Frühling des Mädchens; den kraftvollen Sommer der Mutter; den kalten und rauhen Herbst und Winter der alten, weisen Frau. Der Winter ist die Phase des Lebensendes, eine Phase, die aber zur nächsten Geburt führt. Denn der Winter verwandelt sich in den Frühling, die Erde gebiert aus der Dunkelheit des eigenen Bauches (des Himmels) ihr neues Selbst: jung, kostbar und süß.

Diese Übergänge repräsentieren die zyklische Bewegung der Kraft. Sie zeigen die Notwendigkeit des Wachstums, des Lebens und des Todes; die Notwendigkeit für den Planeten, still zu sein und sich in die Dunkelheit des Winters zu verlieren. Die fortdauernde Bewegung der Lebensspirale findet wie ein Echo ihren Widerhall in der Energiespirale der Herzen und Seelen und in der Energiespirale der DNS-Struktur, die unseren Körper erschafft. Es ist der Zyklus des unendlichen Universums, das sich immer fortbewegt, immer dreht und fortdauernd eins zum anderen werden läßt.

Doch obwohl die Erde kraftvoll und stark, alt und mystisch, wissend und für den begrenzten Verstand unergründlich ist, braucht sie doch die Menschheit, um ihr beim Wechsel der Jahreszeiten zu helfen.*

In den alten Tagen, die ich durchlebt und durchschritten habe, war es immer so, daß die Menschen den Wechsel der Jahreszeiten mit Festlichkeiten feierten und mit Magie, Gebet, Ritual und Wünschen förderten.
Wir unterstützten die Erde in ihrer immerwährenden Transformation und erkannten die Reflektion ihrer Zyklen in uns selbst. So bezeugten wir die Freuden des Frühlings und hießen die Sonne aufs neue willkommen. Wir führten Riten aus, um unsere Herzenswünsche wahr werden und die Samen in der braunen Erde wachsen zu lassen.
Es gab einen Ritus des Sommers, der die Fülle unseres Lebens symbolisierte, den Abschluß jener Dinge, für die wir uns geplagt hatten: das Wachsen der Früchte des Feldes – den Früchten unserer Arbeit im Frühjahr.

** Mensch und Erde sind nicht nur mikrokosmisch und makrokosmisch miteinander verbunden, sondern auch durch ihre gleiche Herkunft. Dies macht sie einander koabhängig in Dingen wie dem Wechsel der Jahreszeiten und der persönlichen und globalen Evolution. Die obige Bemerkung bezieht sich auf die heutige gesellschaftliche Tendenz, von einer kommerziellen Saison zur nächsten zu eilen, z.B. vom Sommerschlußverkauf zu Weihnachtsartikeln zu Ostereiern. Durch das kraftvolle gemeinsame Bewußtsein von Mensch und Erde hat diese Eigenart eine direkte Auswirkung auf die Realität.*

Dann kam die Dunkelheit, die im Herbst den Sommerhimmel überzog; die Dunkelheit, die im Winter der Erde den Schlaf brachte, damit sich die Lebenskraft tief in den Grund zurückziehen konnte. Die Erde bedeckte sich mit Schnee und regenerierte ihre Energien, damit sie in ihrem eigenen Mysterium und ihrer eigenen Kraft neu geboren werden konnte.
Mit der Dunkelheit kam die Notwendigkeit, alle Dinge in unserem Inneren loszulassen, die nicht mehr gebraucht wurden: den Schmerz, die Verletztheit, die Menschen, die wir geliebt, aber verloren hatten, die Gedanken, die in unserem Herzen und unserem Geist keinen Platz mehr benötigten; die Notwendigkeit, alles freizugeben, was einst neu, aber jetzt alt war.
Mit der Dunkelheit des Winters kam die Notwendigkeit, uns in das Licht unseres Herzens zurückzuziehen und von dort auf das vergangene Jahr zu blicken, auf die Welt, die wir hinter uns gelassen hatten; die Notwendigkeit, in die Dunkelheit zu schauen, um in all dem Schmerz, in all der Trauer das Licht und die positiven Erfahrungen zu finden; die Notwendigkeit, unsere eigene Energie zu regenerieren und uns einen Kokon zu spinnen, damit wir wieder fliegen konnten, wenn die Sonne im Frühling zurückkehrte.

Dies waren die Jahreszeiten und Zyklen, die wir in alten Zeiten zelebrierten und deren Feiertage schon vor langer Zeit in christliche Feiertage umgewandelt wurden, so daß ihre wahre Bedeutung verlorenging. Und obwohl diese Informationen schon so oft in Büchern und Gesprächen übermittelt wurden, obwohl sich immer wieder Menschen zusammenfanden, um in Ritualen den Wandel der Zyklen und Jahreszeiten zu feiern, hat die Menschheit inzwischen diese tiefe Wahrheit vergessen und sich statt dessen den materiellen Dingen zugewandt, dem Geld und dem Fortschritt.

Die Ungeduld der Menschheit, ihr Mangel an Respekt und Verehrung haben die natürlichen Zyklen des magischen Lebensrades zerstört. Ihre Gedanken haben die Erde bedrängt, sie durch die Jahreszeiten gejagt. Der Herbst wird ganz ausgeschlossen, so daß der Winter auf den Sommer folgt. Es wird an der Dunkelheit des Winters festgehalten, so daß sie sich bis in den Frühling erstreckt und dann in den Hochsommer übergeht.* Doch das Echo und die Reflektion der gestörten Jahreszeiten verursacht auch die Störung der natürlichen Zyklen im Menschen selbst.

Und so gebe ich dir hier vier Rituale: das Ritual des Frühlings, das Ritual des Sommers, das Ritual des Herbstes und das Ritual des Winters. Sie sind sich alle ähnlich, doch der entsprechenden Jahreszeit angeglichen. Führe diese Rituale aus, wenn du die Energie der kommenden Jahreszeit fühlen kannst und dadurch in der richtigen Stimmung bist.

Das Ritual des Frühlings

Nimm zu deiner Reinigung ein Bad, auf dessen Wasser Rosenblätter schwimmen. Entspanne dich. Wenn du gereinigt bist, kleide dich in frisches Weiß und betrete deinen Ritualort, auf dessen Altar frische Frühlingsblumen stehen. Sitze, meditiere und ruhe. Sei voller Frieden.

Nimm ein Blatt Papier und schreibe alles auf, von dem du wünschst, daß es in dir wachsen möge. Schreibe auf, was du verwirklichen möchtest: Dinge der Liebe, des Friedens, der Hoffnung; Wünsche und Träume, wie groß oder klein, wie materiell oder spirituell sie auch sein mögen.
Wenn du damit fertig bist, lies deine Liste laut vor und begleite jedes Wort mit einer kraftvollen Visualisation über den Erfolg und die Erfüllung deiner Sehnsucht.

** Ein Beispiel: 1996 haben Gärtner überall in England bemerkt, daß die Blätter noch sommergrün von den Bäumen fielen, so als wäre der Herbst völlig ausgelassen worden und die Natur vom Sommer direkt in den Winter übergegangen.*

Lege das Papier wieder auf den Altar und zünde eine frische weiße Kerze an. Zeichne mein Symbol in ihre Flamme und sprich folgende Worte laut aus:
Ich zünde diese Kerze an als Symbol für das Licht, das auf die Erde zurückkehrt. Ich lasse sie brennen, damit die Sonne von ihr erweckt und ermuntert wird, zurückzukommen. Frühlingsblumen werden blühen, und jeder Baum wird Knospen tragen.
So erneuere ich die Lebenskraft an diesem Ort und auch in mir, denn ich bin ein Spiegel und eine Reflektion der Erde, auf der ich lebe. In der Hoffnung, daß das Rad sich dreht und aus dem Frühling Sommer wird, pflanze ich die Samen meiner Wünsche und Träume in den Äther der Erde, damit sie wachsen und gedeihen und ihren Platz in meinem Leben finden mögen, so wie auch alle Samen, die noch in der Erde ruhen, wachsen und gedeihen werden.

Trinke ein wenig Wasser oder Wein und iß ein wenig Brot, um dieses Gebet, dieses Versprechen zu ehren und zu feiern. Sieh mit deinem inneren Auge, wie du das wiederkehrende Licht, die in das Grün zurückkehrende Kraft ißt und trinkst.
Nimm das Papier, auf dem du deine Wünsche, Träume und Gebete aufgeschrieben hast, und bette es in die weiche Erde. Säe Samen von Blumen oder Gemüsen darüber, gieße den Rest des Wassers oder Weins darüber und lege den Rest des Brotes als Opfer für die Göttin darauf, so daß sie diese Lebenskraft annehme, um damit die Erde zu transformieren und deine Wünsche zu erfüllen.

Dies ist das Ritual des Frühlings, und wie der Frühling selbst ist es einfach und zart.

Das Ritual des Sommers

Dieses Ritual ist etwas komplexer. Reinige dich mit Wasser, das mit Lemongrasöl kräftig und süß aromatisiert wurde. Kleide dich in starke, leuchtende Farben, z.B. Blau, Rot oder Grün.

Setze dich in deinen heiligen Raum und ruhe für eine Weile. Sei voller Frieden.
Zünde nun sechs Kerzen an. Ihre Farben sind grün, rot und gelb. Sitze vor ihnen, zeichne mein Symbol in ihre Flammen und sprich dieses Gebet, bevor du das Ritual ausführst:

Der Sommer ist eine Zeit der Vervollständigung, in der alle Dinge, die seit dem Frühling gewachsen sind, ihre volle Reife erreicht haben und bereit sind, aus dem Bauch von Mutter Erde geerntet zu werden. Denn die Mutter hat zu Ende getragen, und es ist Zeit, daß ihre Früchte geerntet und genossen werden.
Sonne, scheine heiß und erfülle den Geist und die Herzen der Kinder, auf die du herabschaust, mit Liebe, Hoffnung, Freude und Glück. Öffne ihren Geist, damit sie die Inspiration deiner Segnung erkennen, deinen Willen und dein Werk ausführen. Erlaube, daß die Hitze des Sommers allen Erfüllung und Vervollständigung bringt, auf die dein Licht fällt.

Jetzt nimm dir Zeit, um etwas herzustellen. Du kannst zum Beispiel ein Gedicht schreiben, ein Bild malen, ein Brot backen, eine Figur modellieren oder Musik komponieren. Sobald du damit fertig bist, zeige dein Werk den Kerzen und sprich:

Wie der Sommer habe ich abgeschlossen, was ich begonnen habe. Und ich erkenne an, daß alle Arbeit, die gemacht und abgeschlossen ist, weggegeben werden muß. Denn nicht das fertige Werk hält die Kraft, sondern das Tun selbst, das zur Herstellung gefuhrt hat, das Wissen, das ich in den Lektionen erhalten habe, die Kraft, die ich angezogen und erworben habe.
So schenke ich dieses Werk der Person, die ich liebe/die es braucht/die ich in meinem Herzen trage, und damit schenke ich dieses Werk symbolisch dir.
Diese Person repräsentiert dich in dieser Welt. Sie wird dieses Geschenk annehmen, so wie du meine Kraft und meine Liebe annimmst, um die Kräfte des Sommers aufrechtzuerhalten. Kräfte des Sommers, erfüllt mich, vervollständigt mich und führt mich

über die Schwelle, damit ich in die nächste Phase meines Lebens eintreten kann. Laßt die Personen in mein Leben treten, denen ich begegnen muß. Laßt die Personen in mein Leben treten, denen ich geben soll. Führt mich zu den Orten und in die Situationen, die ich erfahren muß, um zu lernen. Kräfte des Sommers, lehrt mich, macht mich trunken und rund, damit ich die Früchte meines Wissens und meiner Taten gebären kann, damit ich fühle, wie die Kraft der Erde in mir reflektiert wird.

Lasse die Kerzen ganz herunterbrennen und übergib der Person, an die du gedacht hast, dein Werk. Setzt euch zusammen, trinkt etwas Wein und eßt etwas Brot als Opfergabe an die Göttin.

Wisse, daß du beim Verschenken dieses Werks auch die Erde beschenkst, und die Erde wird jene beschützen, die ihr gegeben haben. So wirst du während des ganzen Sommers einen Segen über deinem Kopf tragen, der dich vor den Wirkungen der Sonne, der Bäume und der Wälder, in die du vielleicht gehst, schützt.
Wenn du der Welt gibst, gibt sie dir zurück, und ihr Schutz ist wahrhaft stark.

Das Ritual des Herbstes

Nimm ein Bad, in dessen Wasser du Tropfen von Bergamott- und Rosmarinöl gegeben hast. Kleide dich in dunkle, tiefe Farbtöne wie zum Beispiel Gold, Orange, Rot oder Dunkelgrün.
Sitze still und lasse zu, daß du in einen Zustand der Ruhe und Kontemplation kommst. Zünde eine goldene oder orangefarbene Kerze an, setze dich vor sie hin, zeichne mein Symbol hinein und sprich folgende Worte:

Der Herbst ist nun gekommen, und die Blätter verlieren langsam ihr Leben. Sie fallen auf die Erde und bilden einen goldenen Teppich voller Schönheit und Licht. Die Himmel verlieren ihr Blau und verfärben sich grau, und Regenwolken ziehen sich zusammen, um

die Erde mit ihren Tränen zu waschen. Die Dunkelheit sammelt sich, und die Wärme der Sonne ist vergangen. Winde wehen und verbreiten Kälte und Angst.
Dies ist eine Zeit des Loslassens, in der ich beginnen muß, die Erde zu reflektieren und die Dinge aufzugeben, die mir nicht mehr gehören; die Dinge, von denen ich gelernt habe und deren Leben ich aufnehmen durfte; die Dinge, die ich nicht heilen und denen ich nicht helfen kann; die Dinge, über die ich hinausgewachsen bin oder die über mich hinausgewachsen sind; Menschen, Orte und Situationen, die ich zurücklassen kann.

Sprich nun über die Angelegenheiten, für die du Hilfe und Unterstützung brauchst. Stelle dir vor, wie die Dinge, über die du sprichst, von dir abfallen wie Blätter, die der Wind von einem Baum weht. Sieh, wie sie dir Stück für Stück genommen werden, und fühle, wie sich deine Energie in dein innerstes Wesen zurückzieht, um sich zu erneuern.
Wenn diese Dinge von dir abfallen, erkenne die Lektionen, die du gelernt hast, und sprich laut über sie.
Wenn du damit fertig bist, bleibe im Kerzenlicht sitzen, bis es langsam erlischt und in der Dunkelheit aufgeht. Während die Kerze ihr letztes Licht verliert, sprich mit sanfter Stimme folgende Worte:

Ich stehe alleine in der Dunkelheit und versammele um mich herum die wärmende Liebe der Mutter. Doch ich bin voller Mut, denn ich trage das Licht in mir. Erde, schlafe still unter dem Teppich aus Blättern. Schlafe und werde stark. Schlafe und werde gesund.

Das Ritual des Winters

Beginne mit einem Bad, in dessen Wasser du das Öl von Orangen, Weihrauch, Zimt und Ingwer gegeben hast. Kleide dich in dunkles Violett, Schwarz oder kräftiges Rot. Setze dich vor eine schwarze oder violette Kerze, zünde sie an und ruhe für einen Moment. Mache mein Zeichen und sprich diese Worte:

Der Winter ist gekommen, die dunkelste Zeit des Jahres, wenn sich die Lebenskraft des Planeten tief in sich selbst zurückzieht, so daß sie kaum noch gefühlt oder gesehen werden kann.
Doch ich weiß, daß mich die Dunkelheit der Großen Mutter umgibt und daß mir all ihre Weisheit, Kraft und Zauber zur Verfügung stehen.
Selbst in der Nacht gibt es Licht, das Licht der Sterne, und ich bin einer von ihnen. Dieses Licht besitzt die Kraft, das Licht des Tages herbeizurufen, das gegenüber von ihm ruht.
In dieser dunklen Zeit ehre ich die Weisheit und die Kraft des Todes und aller Dinge, die ruhen. Ich rufe meine Freunde, die über die Schwelle gegangen sind und hier in dieser Lichtebene bei mir sind. Ich rufe die Kräfte der Sonne, die Kräfte des Sommers und des Frühlings, die auch gestorben sind. Ich rufe sie, damit sie zurückkehren und wieder leben mögen. Um diesen Wunsch in Erfüllung gehen zu lassen, mache ich der Erde dieses Geschenk.

Schreibe auf ein Blatt Papier deine Wünsche und Sehnsüchte, die du in der kommenden Zeit gerne erfüllt hättest. Spüre, was du schreibst, und zeige das Blatt dann den Kerzen. Gib das Versprechen, daß du dieses Blatt der Erde überbringst, daß du seine Worte vorliest, singst, aufführst und es in die sanfte Erde vergräbst. Setze dich für einen Moment hin, öffne dein Herz und deinen Geist der Anwesenheit und der Kraft der Besucher, die aus den jenseitigen Bereichen gekommen sind, um diesen besonderen Moment mit dir zu verbringen.
Wenn du diese Kontemplation beendet hast, sprich ein letztes Mal zu der Kerze:

Kerze, brenne hell und rufe die Sonne zurück. Und während ich in der Dunkelheit ruhe, tröste ich mich mit dem Licht des Mondes und der Sterne und der Weisheit der Göttin, die am Feuer sitzt und webt.

Göttin, webe das Verständnis des vergangenen Jahres in meinen Geist und meine Träume. Sende mir eine Vision meiner selbst, damit ich in der Zukunft weiß, welchen Weg ich zu gehen habe und was getan werden muß.
Schenke mir Weisheit und Verständnis für die Dinge, die ich noch nicht gesehen habe, und gib mir Kraft, damit ich mich auf das nächste Jahr vorbereiten kann.

Lösche nun die Kerze und zünde sie in den folgenden acht Nächten wieder an. Meditiere und schaue in ein Glas Wasser oder in eine Kristallkugel, damit du Visionen aus der Zukunft empfangen kannst. Warte und lausche, und du wirst die Göttin hören, wie sie das kommende Jahr webt und dir dabei Geheimnisse verrät, die dir auf deinem Weg weiterhelfen werden.

Die Kraft der Erde und deine Kraft sind miteinander verbunden. Sobald dir dies wieder bewußt wird, wirst du erneut in deine eigene Göttlichkeit eintreten und die Erde mit der Kraft der Göttlichen Mutter teilen und in Harmonie und Frieden leben.
In dieser Lebensweise liegen viel Freude, Liebe und Wunder. Erforsche die Art deiner Beziehung zur Welt, in der du lebst. Wachse, lerne und lebe in Liebe.

KUTHUMI

Das Ritual des Elementarreiches

Die Welt ist ein lebendiger Ort. Alles, was du kennst, siehst und für selbstverständlich erachtest, ist lebendig: das Gras, über das du gehst, die Bäume, deren Schatten du aufsuchst, die Steine, die du die Straße entlangkickst, der Bach, der an dir vorbeimurmelt, ja selbst die Luft, die Regenwolken, Donner, Blitz und Feuer. Alles hat einen Geist und trägt Lebenskraft in sich.

In euren Wäldern und Parks wohnen Tausende von Lebewesen, doch sie sind für euer Auge unsichtbar und für euer Ohr unhörbar. Es sind die Elementarwesen, die Geister der alten Legenden und Märchen, die längst vergessen sind oder dem Reich der Phantasie zugeschrieben werden.

In meinem Leben als Franz von Assisi habe ich gelernt, wie ich durch Einstimmung jenen elementaren Lichtwesen begegnen und sie erfahren konnte. Dadurch war es mir möglich, ihre Geheimnisse zu erfahren, ihren Wahrheiten zu lauschen, ihre Gegenwart und die Leichtigkeit ihres Geistes zu genießen und die Welt durch ihre Augen zu sehen.
Die göttliche Quelle allen Lebens, Gott, hat alle Lebensformen geschaffen, auf daß sie in Harmonie und Frieden miteinander

leben. Gott wollte nie, daß sich die verschiedenen Lebensströme durch ihre Wahrnehmung und Meinung voneinander trennen. Immer war Gottes Absicht, daß alle Wesen zusammenarbeiten, um gemeinsam am Wachsum der Welt und des Geistes zu arbeiten. Doch die Menschheit ist für die unsichtbare Welt um sie herum dermaßen unsensibel geworden, daß sie deren Existenz geradezu verneint.

Die Elementarwesen, die in einer Realität zu Hause sind, die der menschlichen Realität nicht unähnlich ist, sind schon vor langer Zeit in andere Dimensionen geflüchtet. Sie wollten der Menschheit entgehen, die sie für Ausgeburten der Hölle hielt und deshalb verfolgt hat. Doch die Elementarwesen sind nicht so dumm, die Existenz von Wesenheiten zu verneinen, nur weil sie keinen Kontakt mit ihnen wünschen. Sie erkennen die Existenz der Menschheit an, obwohl sie nicht länger Teil ihrer Welt sind.

Wir, in all unserer Weisheit, sollten zumindest die Gegenwart ihrer Lebenskräfte anerkennen, selbst wenn wir kein Verlangen haben, mit ihnen zu kommunizieren und zu arbeiten.

Die Welt könnte ein viel strahlenderer Ort sein, wenn wir uns auf diese unsichtbaren Kräfte einstimmen und mit ihnen in unseren Gärten, auf unseren Höfen und Feldern zusammenarbeiten würden. Wir können auch mit den Kräften des Wetters arbeiten, um seine zerstörerischen Auswirkungen zu vermeiden, oder mit den Kräften des Feuers, um seine Wärme und sein Licht zum Wohl der Menschheit zu nutzen.

Wenn wir diese reiche Welt der Magie, der Unschuld und Wunder wieder umarmen würden, könnten wir die seit langem verlorene Magie und Unschuld und die Wunder auch wieder in unseren eigenen Herzen finden.
Deshalb ist es von größter Wichtigkeit, daß sich die Menschheit wieder der lebendigen Welt bewußt wird und erneut beginnt, ihre Wahrheit zu umarmen.

In der heutigen Zeit sprechen viele Medien und Channels über Elementarwesen. Es wurden auch schon viele Informationen veröffentlicht, die eine große Tiefe und Wahrheit über unsere elementaren Brüder und Schwestern offenbaren.

Ich werde dieses große Wissen nur an der Oberfläche berühren. Doch ich gebe hier ein Ritual, durch das man diesen Wesen die Hand reichen und sich wieder mit ihnen anfreunden kann. So können wir unsere spirituelle Schwingung der ihren angleichen und die Ebene des Elementarreiches betreten.

Zu Beginn ist es wichtig zu wissen, daß man im Frühling und im Sommer am einfachsten mit den Elementarwesen in Kontakt treten kann. Im Herbst und im Winter, wenn die Lebenskräfte der Welt tief im Schoß von Mutter Erde ruhen, ziehen sich die Elementarwesen in ihre heimatliche Dimension zurück, die fern von unserer physischen Erde liegt. Einige Wesen kann man dann zwar immer noch sehen, aber es sind wirklich nur wenige.

Im Frühling und Sommer kehren die Elementarwesen in unsere Dimension zurück und können dann an Orten großer Schönheit und Einsamkeit gesehen oder gefühlt werden. Einige Elementarwesen halten sich näher an der menschlichen Zivilisation auf und leben vielleicht sogar in den Häusern der Menschen, sofern keine Haustiere gehalten werden. Diese können die Elementarwesen sehen und jagen sie oft aus Unwissenheit und Neugierde.
Elementarwesen fürchten sich auch vor Metall, speziell vor Eisen. Dieses hat nämlich die Eigenschaft, ihre spirituelle Energie zu ankern und zu binden, was es den Elementarwesen schwermacht, in ihre heimatliche Dimension zurückzukehren. Deshalb werden sie sich eher von Häusern fernhalten, in denen viel Metall zu finden ist oder die mit Eisenzäunen umgeben sind. Doch sie fühlen sich von liebevollen Menschen angezogen, die Harmonie, Ruhe und Freundlichkeit ausstrahlen. Sie

trinken auch gerne von der Milch und essen gerne vom Futter, das die Menschen für Vögel und andere Tiere außerhalb ihrer Häuser bereithalten. Natürlich nehmen die Elementarwesen nicht direkt die physische Substanz zu sich. Sie ernähren sich von der Energie des Nahrungsmittels und der Energie der Absicht, die der betreffende Mensch in die Nahrung hineingegeben hat. Es ist also möglich, Elementarwesen durch Auslegen von Nahrung allmählich ins Haus zu locken, so wie man vielleicht ein entlaufenes Tier wieder anlockt.

Sobald ein Elementarwesen in einem Haus ist, wird es sich eine dunkle, versteckte Ecke in einem Zimmer, den Speicher oder Keller als Aufenthaltsort aussuchen. Diese Wesen bevorzugen Zurückgezogenheit, obgleich sie sich auch oft mit den Menschen anfreunden und ihnen gerne bei Problemen oder häuslichen Angelegenheiten weiterhelfen.

Wenn du in der Stadt lebst, in der es vielleicht unangenehme oder rauhe Energien gibt, wäre es am besten, wenn du an einen schönen, einsamen Ort in der Natur fährst, zu einem Wald oder Park, zu einem Hügel oder Berg. Stelle sicher, daß du nicht gestört werden kannst, setz dich hin und führe folgendes Ritual durch.

Öffne dich der Harmonie und Schönheit des Ortes. Höre alle Klänge, rieche die Luft und nimm den Duft des Waldes tief in deine Lungen auf. Berühre die Erde, fühle sie zwischen deinen Fingern. Berühre eine Baumrinde, Blätter und Steine und öffne deine Sinne ganz dem Ort, an dem du dich befindest.
Nun mache aus Holzstücken, Steinen, Blumen oder Blättern einen Kreis, in dessen Mitte du Platz zum Sitzen hast. Beschädige dafür aber keine Blumen oder Bäume, sondern nimm nur Dinge, die die Natur von sich aus anbietet.

Setze dich in deinen Kreis, zeichne mein Symbol in die Luft und schließe die Augen. Öffne dich wieder der Natur um dich

herum, nur gehe dieses Mal noch tiefer. Dehne deinen Geist aus und versuche zu spüren, ob eine bestimmte Gegenwart vor deinen Kreis oder deine Aura gekommen ist.
Falls du dir der Gegenwart eines Wesens bewußt wirst, dann fürchte dich nicht und strahle vor allem keine Angst aus. Dies würde nämlich bewirken, daß das Wesen in die Dimension zurückweicht, aus der es gekommen ist. Sende ihm Gedanken voller Liebe und Licht, voller Freude und Freundschaft.

Frage das Elementarwesen, wie es heißt und wie seine Form beschaffen ist; ob es ein Wesen der Luft, des Wassers oder der Bäume ist; ob es eine Fee, eine Elfe oder ein Gnom ist. Wenn es ein Wesen ist, das an die Menschen gewöhnt ist, wird es mit dir durch Worte kommunizieren. Andernfalls projiziert es Bilder direkt in dein Bewußtsein.
Verlasse bei diesem ersten Erlebnis deinen Sicherheitskreis nicht. Sobald du fühlst, daß das Elementarwesen gehen möchte, sage ihm Lebewohl und bitte es wiederzukommen, wenn auch du in den Kreis zurückkehrst.

Der Kontakt zu jeder neuen Lebensform ist ein fortlaufender Prozeß. Deshalb sollte dieses Ritual so oft wiederholt werden, bis du zu den Elementarwesen im allgemeinen oder zu dem bestimmten Elementarwesen, mit dem du kommunizierst, eine starke Beziehung hergestellt hast.
Wenn dies der Fall ist und du fühlst, daß du einen liebevollen Kontakt aufgebaut hast, dann öffne den Kreis und bitte das Wesen einzutreten. Sobald du ihm völliges Vertrauen zeigst, wird es wahrscheinlich beginnen, dich zu lehren und von Dingen zu sprechen, die vorher noch nicht erwähnt wurden, seien es Geheimnisse der Magie oder Wissen und Kräfte, die es besitzt. Vielleicht bietet es sogar an, dir bei deiner Arbeit zu helfen.

Es ist von äußerster Wichtigkeit, immer auf die Gefühle deines Herzens zu hören, wenn du mit den verschiedenen Formen der Elementarwesen zu tun hast. Wie bei den Menschen gibt es auch im Elementarreich Wesen, die unfreundlich und mutwillig sind. Wenn du aber fühlst, daß die Energie des Wesens und deine Beziehung zu ihm von positiver Natur sind, dann ist alles in Ordnung.

Wenn du die Kommunikation vertiefen oder mit dem Wesen in seine Dimension reisen möchtest bzw. wenn das Wesen anbietet, dein Führer zu sein, dann zeichne mit deinem Geist mein Symbol vor dir in die Luft. Es wird den bewußten Teil meiner Energie rufen, so daß ich dich auf der Reise in die andere Dimension beschützen kann. Ich werde außerdem sicherstellen, daß du zur rechten Zeit in deinen Körper zurückkehrst. So brauchst du dich nicht zu fürchten, daß dir ein Mißgeschick zustößt.

Wenn du mein Symbol zeichnest, bevor du die Kommunikation mit dem Elementarreich beginnst, wird dies den Wesen signalisieren, daß du im Einklang mit einer hohen Energieform handelst, die sie selbst gut kennen, der sie vertrauen und für die sie sehr viel Liebe empfinden.

So kannst du eine klare, telepathische Kommunikation mit allen Lebensformen des Elementarreichs eingehen. Dies kann dazu dienen, miteinander zu mehr Tiefe und Verständnis zu kommen, Belehrungen zu erhalten und vielleicht ein Wesen in dein Haus einzuladen – damit es dich beobachten kann und auch du von seiner Anwesenheit Nutzen trägst.

Dies ist nur ein kleiner Anfang, wie man mit dem Elementarreich Freundschaft schließt. Seit Anbeginn der Zeit haben diese Wesen um uns existiert. Jetzt kannst du dich wieder mit ihnen verbinden und von ihrem uralten, leuchtenden Wissen profitieren.

Wenn wir in das Goldene Zeitalter eintreten wollen, das unsere Vergangenheit war und das uns für die Zukunft versprochen wurde, dann müssen wir die Schritte verstehen, die wir taten,

und mit bewußter Einsicht wieder an die Wurzeln zurückkehren, die wir verlassen haben.
Manchmal ist es nötig, rückwärts zu gehen, um vorwärts zu kommen. Manchmal müssen wir den Freunden wieder die Hände reichen, die wir auf unserem Weg schon einmal getroffen, dann aber verlassen haben, um sie nun in die gemeinsame Zukunft mitzunehmen.
In Gottes Augen besteht zwischen uns und dem Elementarreich kein Unterschied. Beide sind wir Ausdruck von Gottes Licht. Es wäre dumm zu denken, daß wir wichtiger oder überlegen wären. Da wir gemeinsam begonnen haben, müssen wir auch gemeinsam aufhören. Und deshalb müssen wir uns mit allen Teilen von Gottes Willen wieder vereinigen. Das Elementarreich ist eins dieser Teile.

Schreite nun voran. Wisse, daß die Welt lebendig ist und daß es Wesen gibt, die du nicht sehen kannst, die dich aber beobachten und sehr gerne deine Freunde sein möchten.

MUTTER MARIA

Das Ritual der Göttlichen Mutter

Jahrhundertelang war die Gegenwart der Göttlichen Mutter nicht im Bewußtsein der Menschheit verankert. Sie war versteckt, zurückgezogen, getarnt und wurde in einer weniger kraftvollen Weise dargeboten, was vielen den Zugang versperrt hat. Erst in jüngerer Zeit hat die weibliche Kraft wieder ihren Weg in das Bewußtsein der Menschen gefunden. Dies zeigte sich zum Beispiel durch die feministische Bewegung, durch das Wiedererwachen der weiblichen Kraft, durch die bewußte Verehrung der Göttin in all ihren verschiedenen Formen und Kräften.

Die Energie der Göttin ist die weibliche Manifestation der komplementären Energie der Quelle, die manche Gott nennen. Gott selbst ist eine Quelle, die ohne Geschlecht ist. Männliche und weibliche Energie sind in einem solch vollkommenen Gleichgewicht, daß weder die eine noch die andere gesehen oder gefühlt werden kann. Die Polarität existiert aber dennoch.

Von Zeit zu Zeit kannst du die weibliche Kraft anrufen, damit sie dir die notwendigen Energien und Erfahrungen schenkt, die nur die Große Mutter besitzt. Die Große Mutter, die Göttliche Mutter, das weibliche Prinzip Gottes, die Quelle, sie ist der gött-

liche Nahrungsspender. Sie gibt die Energie, die unsere Seelen nährt, damit wir existieren und leben können. Sie gibt die Kraft, die tröstet und aufbaut, die liebt und alle Sünden vergibt. Sie gibt die Kraft, die uns Verständnis schenkt, sanfte Fürsorge, Hilfe und Heilung.
Sie ist die Kraft, die uns mit der Energie des Universums und mit der Energie der Erde verbindet. Sie ist die Kraft, die uns Hoffnung, Liebe, Glaube und Wahrheit schenkt. Sie läßt uns den göttlichen Funken sehen, der im Kern unseres Herzens wohnt, damit wir wieder Zutritt zum Heiligen Tempel erlangen und erkennen, daß wir selbst göttlich sind.

Die Kraft der Göttlichen Mutter ist eine liebende Energie, die die Liebe übersteigt, die auf der Erde bekannt ist. Denn sie ist bedingungslos und durchdringt alle Grenzen, Mauern und Hindernisse. Sie ist schön, kraftvoll, inspirierend und heilig.
Wenn ein Mensch von der Kraft der Göttlichen Mutter abgeschnitten ist, beginnen seine Energie, sein Seelenfrieden, sein Selbstbewußtsein, seine Wahrnehmung der eigenen Präsenz und seine Kraft zu schwinden. Er wird sich verloren fühlen, wird krank und frustriert sein, verzweifelt und unfähig, sich um sich selbst oder andere zu kümmern. Es ist wie eine Krankheit oder Plage, von der viele Menschen befallen sind und die dazu führt, daß sie sich völlig verlieren und ihre spirituelle Arbeit zunichte gemacht wird.

In unserer heutigen Zeit ist es schwierig, einen Platz zu finden, an dem die Wiederverbindung mit der Göttlichen Mutter stattfinden kann, obgleich ihre Gegenwart und Kraft überall existieren. Man kann die Gegenwart der Göttlichen Mutter vor allem in der Nacht bei Mondenschein fühlen. Oder an heiligen Orten, Orten der Verehrung des Weiblichen, die in der Menschheitsgeschichte immer wieder zur Rückverbindung mit dieser Kraft genutzt wurden.
Doch die Energie der Göttin hat keine Heimat mehr. Es gibt keinen speziellen Ort, der jetzt als ihr Wohnsitz bekannt wäre. Es

ist ein mühsames Unterfangen, geeignete Plätze zu finden, und dies macht den Prozeß kompliziert, schwierig, unsicher und unbequem.

Das Ritual, das ich hier geben möchte, soll dich befähigen, dich wieder mit der Kraft der Göttlichen Mutter zu verbinden, dich wieder auf ihre Energie auszurichten. So erlaubst du ihrer Präsenz, erneut in dein Leben zu treten. Es ist ein einfaches Ritual, doch in seiner Einfachheit sehr kraftvoll. Führe es voller Sanftheit, Liebe und Ruhe aus.

Sammele alle Dinge, die dich an die Kraft der Göttin, der Göttlichen Mutter erinnern. Zum Beispiel Dinge des Meeres: Muscheln, Sand, Seesterne, Perlen. Sammele auch einige Aspekte ihrer Kraft aus der Natur: Blumen und Farne, Blätter und Kiefernzapfen, Steine und Kristalle – alles Dinge, die mit der planetarischen Energie verbunden sind, mit der weiblichen Kraft der Welt, in der du lebst.

Den Kreis für das Ritual magst du vielleicht mit Blättern von Rosenblüten oder mit Blumen markieren, die du auf den Boden streust. Es ist wichtig, ein starkes, kräftiges Rosenöl in einer Aromalampe zu verdampfen, damit der Raum von einem überwältigenden Duft erfüllt wird. Stelle eine silberne, hellblaue oder hellgrüne Kerze vor dich hin. Zünde sie an und führe die folgende Zeremonie nachts und im Schein nur dieser einen Kerze durch.

Vor der Kerze plaziere eine Schale mit Wasser und eine kleine Kerze, die auf dem Wasser zu schwimmen vermag. Zentriere dich, komme zur Ruhe. Wende deine Gedanken nach innen und konzentriere dich auf den Teil deiner selbst, der fehlt, der nicht mehr vorhanden ist.
Fühle ihn, nimm ihn wahr als Loch in deiner Seele, als offene Wunde, als Teil eines Puzzles, das entfernt wurde und einen freien Platz hinterließ.

Spüre diese Lücke und spüre die Trauer, die sie mit sich bringt. Fühle deine Entfremdung von der Welt, deine Trennung, deine Isolation, dein Nichtverbundensein. Zeichne mein Symbol in die Luft, nimm die Schwimmkerze und halte sie in deinen Händen. Umfasse sie sanft und sprich dabei dieses Gebet:

Göttliche Mutter, die in allen Dingen der Welt gegenwärtig ist, in der ich lebe: in den Träumen, die in mir arbeiten, wenn ich schlafe; in den Meeren und Ozeanen, den Bächen und Flüssen, den Teichen und Seen, den Bäumen und Blumen; in der sanften Luft, die ich atme, und in den vier Jahreszeiten.
Göttliche Mutter, die du alle diese Dinge übersteigst, die du im Universum gefunden wirst, du bist der Mond und du bist die Sterne am dunklen Himmelszelt.
Göttliche Mutter, die du alle zarten Emotionen bist, die in mir existieren: Sanftheit und Fürsorge, Liebe und Mitgefühl, Schönheit und Friede – ich bin dein verlorenes Kind.
Ich bitte darum, wieder angenommen zu werden. Nimm mich an deine Brust, damit ich wieder von deiner Energie saugen kann und von deiner Milch gesättigt werde; damit ich wieder mit deiner Energie verbunden werde und durch deine Energie wieder mit mir selbst verbunden werde.
Diese Kerze stellt meine Seele dar. Ihr Licht ist verloren, und sie liegt trocken und gestrandet an Land. Ich zünde sie nun mit deinem Licht an und setze sie auf das Wasser, das den Ozean deines Bewußtseins und deiner Gegenwart darstellt. Möge sie darauf in deiner unsichtbaren Umarmung sicher und ruhig gleiten, bis ihr Licht in deiner Gegenwart, in deinem ozeanischen Bewußtsein aufgeht und ich damit spirituell für immer in deine Energie zurückkehre.

Zünde nun diese Kerze am Licht der anderen Kerze an, setze sie in die Wasserschale und lasse sie darin schwimmen, bis sie abgebrannt ist und vom Wasser gelöscht wird.
Schau die Kerze an, wie sie auf der Oberfläche schwebt, und erlaube allen Bilder, die in dir aufsteigen, in dein Bewußtsein zu

treten. Merke sie dir, denn sie sind dir von der Göttlichen Mutter zur Führung geschickt. Sie sollen dir Erkenntnis bringen über dein Getrenntsein und über Dinge, die getan werden können, um dich wieder mit ihrer Kraft und Energie zu verbinden.

Nachdem du eine Weile in die Kerze geschaut hast, lege dich auf den Boden und rolle dich wie ein Embryo in die Fötallage ein. Wiege dich sanft und höre auf den Klang des Atems der Großen Mutter, wie er um dich herum geatmet wird.
Fühle, wie du in den Bauch der Göttlichen Mutter zurückgekehrt bist, sicher in ihrer Dunkelheit und ihrer sanften Umarmung. Nicht länger verloren, sondern wiedergefunden; nicht länger voller Verlangen, sondern versorgt mit allem Nötigen; sicher in ihrer sanften Energie und ihrer süßen Liebe. Wenn du für eine Weile geruht hast, setze dich wieder aufrecht hin und sprich folgendes Gebet, um das Ritual zu beenden:

Göttliche Mutter, schenke mir die Wahrnehmungsfähigkeit, damit ich deine Gegenwart in allen Dingen sehen kann und sich mein Bewußtsein niemals von deiner Gegenwart in der Welt, in der ich lebe, wegbewegt.
Möge ich niemals von dir getrennt sein, sondern deiner Kraft und Stärke, die das ganze Universum durchdringt, immer nahe sein.
Denn in deinem Herzen liegt die Kraft der Schöpfung. Und da ich an diese Kraft angeschlossen bin, ist es mir möglich, jede Realität zu erschaffen. Solange ich mich daran erinnere und mir bewußt bin, daß du und ich vereint sind, bin ich fähig, den Weg, auf dem ich gehe, niemals aus den Augen zu verlieren; bin ich fähig, das Licht, das mich auf diesem Weg führt, immer zu sehen.
So werde ich niemals verloren sein, sondern immer von deiner Weisheit und deiner Liebe geführt.

Lasse die Kerzen abbrennen und alle Gegenstände bis zum Morgen stehen. Schlafe mit der Kerze in Blicknähe und achte auf alle Träume und Visionen, die du in der Nacht hast. Am Morgen gehe in die Natur, atme tief ein und spüre das Wunder deiner Welt. Sieh die Göttin in allen Dingen, die dich umgeben, sieh die Göttliche Mutter im Land und in der Erde. Es ist wichtig, daß du deinen Körper fühlst, daß dir deine physische Form gegenwärtig ist, daß du dich wäschst und reinigst und dann in die Welt gehst.

Um dich regelmäßiger mit der Gegenwart der Göttlichen Mutter zu verbinden, gibt es ein kleines Ritual, das bei Vollmond ausgeführt werden kann.
Dies ist ein Ritual der Entspannung und Heilung, der Kommunion und Rückverbindung.
Dieses Ritual wird nicht im Ritualraum ausgeführt, sondern in einem Bad, das ganz oder zum Teil aus heiligem Wasser, Wasser aus einer Quelle oder Meerwasser besteht.
Nimm eine tiefrote, eine rosafarbene und eine weiße Rose. Pflücke die Blütenblätter und lasse sie auf der Wasseroberfläche schwimmen. Zünde nun eine Kerze an, deren Farbe rosa, grün oder hellblau ist, und lege dich im Schein dieser Kerze in das Bad.
Stell dir vor, daß du im Bewußtsein und der Gegenwart der Göttlichen Mutter badest. Erlaube den feinen Energien der Rosen und der Kerze, dich mit dieser Kraft aufzuladen.

Sei dir nach dem Bad der Ausdehnung deiner Sinne und deiner Wahrnehmung bewußt. Mach einen Spaziergang, esse, trinke, tanze und gib dich sinnlichen Vergnügungen hin. Du wirst feststellen, daß sich die Sensibilität deiner physischen Form erhöht hat und daß deine medialen Sinne geschärft sind, so daß du dich besser und tiefer mit der Energie der Welt, in der du lebst, verbinden kannst.

Die Gegenwart der Göttlichen Mutter ist nicht immer nur sanft. Sie kann auch kraftspendend, inspirierend und motivierend sein. Sie ist wahrhaftig eine grenzenlose Quelle der Kraft, ein endloser Ozean, in den wir mit unserer Seele und unserem Bewußtsein eintauchen können, um in unvorstellbarem Maße

Unterstützung und Nahrung zu erhalten. Es ist eine Kraft, an die man sich nicht leichtfertig anschließen sollte, denn sie ist dem magischen Universum sehr nahe. Und sobald du dich mit dieser Kraft verbunden und angefüllt hast, wirst du entdecken, daß du mehr magische Fähigkeiten hast, Heilung geben und allgemein sensibler reagieren kannst.

Nun bist du erwacht und mit den tieferen Ebenen der Strömung des Universums verbunden. Deine Gedanken werden sich nun viel schneller manifestieren als gewöhnlich. Deshalb ist es wichtig, achtsam mit den Kräften deines Herzens, deines Verstandes und deines Körpers umzugehen.

Trage dennoch deine Kraft mit Leichtigkeit und laß sie immer im Gleichgewicht mit deinem Herzen sein. Denke daran, daß die Göttliche Mutter niemals fern ist. Du kannst sie in allen Dingen finden. Verwende nun diese Rituale, um dich wieder mit ihrer Kraft und Schönheit zu verbinden.

JESUS

Das Ritual des Göttlichen Vaters

Gott ist seiner Natur nach einfach. Gott ist Energie, die Intelligenz, Wissen und Verständnis besitzt. Diese Energie ist sich voll bewußt, was sie ist, und sie kennt sich selbst extrem gut. Dieses äußerste Selbstverständnis inspirierte Gott, Realität und Beschränkung zu erschaffen, um an ihnen zu lernen.
Dieses Selbst-Wissen inspirierte Gott, die Menschheit zu erschaffen. Durch sie will er Wissen über die Realität und die Beschränkungen auf der Erde besser verstehen und integrieren. Gott selbst kann diese Erfahrungen alleine nicht machen.

Gott, die Quelle, ist weder männlich noch weiblich. Sie ist eine Energie, die eine so fein ausbalancierte Polarität in sich trägt, daß diese weder erspürt noch gesehen werden kann. Sie ist weder schwarz noch weiß, weder gut noch böse, weder männlich noch weiblich, sondern übersteigt all dies. Und doch scheint es so zu sein, daß wir eine polare Energie besser verstehen und uns einfacher auf sie einstimmen können.

Wenn wir uns vom maskulinen Aspekt Gottes, vom Vater, abtrennen, sind wir verloren. Der Vater ist der motivierende Aspekt unserer Seele. Dieser Aspekt hat eine Resonanz mit

unserem Geist. Er führt und inspiriert uns und ermutigt uns, weiter zu lernen, zu wachsen, zu suchen, die Antworten auf unsere Fragen zu ergründen und unsere Reise ungeachtet allen Unglücks, allen Schmerzes und Kummers und aller Schwierigkeiten fortzuführen.
Wenn wir die Verbindung zu unserem inneren und äußeren Vater verloren haben, dann wanken wir; dann sind wir vom Weg des Lichts abgekommen, aus dem Strom des göttlichen Geistes herausgefallen und sind verloren in Schmerz und Verwirrung, ohne Führung und ohne Hoffnung.

Es ist viel leichter, die Verbindung zum Vater zu verlieren als zur Energie der Göttlichen Mutter. Die Energie der Göttlichen Mutter ist überall um uns. Sie existiert in der Natur selbst. Sie ist unter unseren Füßen, sie ist in dem Baum, an den wir uns lehnen, und in der Luft, die wir atmen. Die Energie des Göttlichen Vaters ist viel weniger faßbar. Sie ist eine Kraft, die eher auf Glauben und Vertrauen beruht als auf der Erfahrbarkeit von etwas, das man sehen, fühlen, berühren oder schmecken kann.

Und wenn wir uns verloren fühlen und im Leben wanken, wenn wir nicht mehr den Funken in unserem Herzen spüren, der uns Ermutigung und Kraft im Lebenskampf zu geben vermag, dann ist es wichtig, daß wir uns bewußt um die Wiederverbindung mit der Kraft des Göttlichen Vaters, unseres Vater-Gottes, bemühen.
Dann müssen wir unseren Fokus wieder neu ausrichten, müssen uns selbst wieder auf den Weg des Lichtes und in den Strom des göttlichen Willens bringen, damit unser Leben wieder fließen kann, damit wir mit dem Fluß wieder zu unserem eigenen Potential finden und unseren Lebenssinn wiederentdecken.

Das Ritual, das ich hier zur Verfügung stelle, kann dich wieder mit der Kraft unseres Vater-Gottes verbinden. Es wird dich mit dem göttlichen Willen, mit der motivierenden Kraft von Gottes

Bewußtsein verbinden. Dieses Ritual wird dabei helfen, daß die Dinge in deinem Leben wieder besser fließen, und führt dadurch vielleicht zu Heilung, zur Beseitigung von Hindernissen auf deinem Weg, bringt dir vielleicht Führung in dein Leben, die du dann von anderen Menschen, durch Situationen oder aus deinem Inneren bekommst. Wenn du fühlst, daß deine Energie erschöpft ist, kann dich dieses Ritual auch energetisieren. Es kann dir das Wunder bringen, auf das du wartest, oder den Glauben, den du verloren hast.

Führe dieses Ritual aus, wenn die Sonne an ihrem höchsten Punkt steht. Der beste Ort für das Ritual wäre im Freien oder in einem sehr hellen Zimmer, in das du frische Luft lassen kannst. Am besten wäre, wenn du bei geöffnetem Fenster Vögel singen hören könntest oder das Rauschen des Windes durch die Bäume oder das Murmeln eines Baches. Bereite deinen Ritualort vor und verdampfe ein leichtes und wohlriechendes ätherisches Öl, das nach Blumen duftet und dir Freude und Leichtigkeit bringt und das dich mit der Welt verbunden fühlen läßt. Führe das Ritual vor einer einzigen weißen Kerze aus, die du mit demselben ätherischen Öl gesalbt hast, das du in der Aromalampe verdampfst. Setze dich vor die Kerze, nimm dir ein paar Momente und entspanne dich. Sei dir sicher, daß du alles, was du benötigst, beisammen hast und nicht gestört werden kannst.

Entspanne dich und atme tief. Höre auf die Klänge der Vögel, die Geräusche der Natur (oder die Geräusche deiner Wohnung). Nimm dir Zeit und erforsche genau die Schwierigkeiten, die du hast: die Blockaden auf deinem Weg, die Sackgasse, in der du steckst, deine mangelnde Verbundenheit mit Gott, deinen Mangel an Glauben. Entspanne dich und schaue dir alle Gefühle und Eindrücke mit deiner ganzen emotionalen Kraft an. Scheue dich nicht, traurig oder depressiv zu werden oder zu weinen. Lote die Dimensionen deiner Gefühle ganz aus. Bringe sie an die Oberfläche deines Bewußtseins und deines Verstehens. Nimm den Kelch mit Wasser, den du vorbereitet hast, in beide Hände und halte ihn auf der Höhe deines Herzens. Nachdem du ein paar Atemzüge genommen hast, sprich dieses Gebet laut:

Göttlicher Vater, ich sitze hier, so wie immer, in deiner Gegenwart. Doch heute bin ich in Not, denn ich fühle, daß ich vom Weg abgekommen bin, und ich kann deine führende Hand nicht mehr spüren. Ich weiß nicht, wie weit ich mich schon entfernt habe oder wie nah ich noch bin. Mir ist nur bewußt, daß ich in meinem Herzen und in der Welt nur deine Abwesenheit fühle.
Führe mich und nimm mich sanft in das Licht deiner Schwingen, damit ich wieder deinen Atem auf meinem Nacken und deine sanfte Hand auf meinen Schultern spüren kann; damit ich deinen Herzschlag hören und deine zarte Umarmung fühlen kann; damit ich mit Anmut wieder in den Fluß deines Stromes komme. Führe mich aus der Dunkelheit ins Licht und zeige mir die Richtung, die ich suche und brauche.
In meinen Händen halte ich den Kelch, das Symbol deiner Liebe und deines Lichts, der Brücke und Leiter, die mein Herz mit deinem verbindet. Indem ich aus diesem Kelch trinke, trinke ich auch von deiner Kraft und von deiner Stärke, von deiner Weisheit und von deiner Liebe. Mögest du mich erfüllen, wie mich das Wasser füllt, und mögest du mich mit der unendlichen Quelle deines Lichtes verbinden.

Nimm sanft einen Schluck aus dem Kelch und folge mit deinen Gedanken dem Wasser, wie es tief in deinen Körper fließt. Nimm einen zweiten Schluck, dann einen dritten, und stelle den Kelch vor die Kerze zurück. Entspanne dich und schließe die Augen. Visualisiere einen Lichtstrom, der hoch über dir seinen Anfang nimmt und deine ganze Form in sich absorbiert. In diesem Lichtstrom ist ein Strahl rosafarbener Energie, der in dein Kronenzentrum eintritt, die Wirbelsäule hinunterfließt, alle Chakren durchflutet und sich schließlich im Herzen verankert. Dort verbindet er deinen göttlichen Funken, der im tiefsten Kern des Herzzentrums liegt, mit der göttlichen Quelle.

Fühle, daß dies eine starke, unverwundbare und doch sanfte Verbindung ist, die nicht mehr gelöst werden kann. Gib dich ganz hinein in diese kraftvolle Umarmung. Lasse alle Ängste, alle Befürchtungen und alle Spannung los; lasse zu, daß dunkle Gedanken gereinigt werden und leicht durch den Lichtkanal von dir gehen. Entspanne dich, öffne dein Herz und deinen Geist der Führung, die dir gewährt werden wird; öffne dich den Dingen, die du sehen und erkennen wirst.
Vielleicht spürst du meine Präsenz oder die Präsenz von Engeln. Oder du fühlst die Präsenz von Gott, dem Vater. Lasse die magischen Fähigkeiten deiner eigenen Sensitivität zu und werde dir der Hand bewußt, die sich dir entgegenstreckt. Fühle dich geschützt und getröstet. Nachdem du dich eine Weile in dieser Energie entspannt hast, sprich diese Worte:

Du mächtige Gegenwart und Kraft des Herrn und Vater-Gottes, ich heiße dich in meinem Herzen und Leben willkommen. Ich werde versuchen, dich in allen Dingen zu sehen, zu fühlen und zu hören. Und wie ich meine Hand zu dir ausstrecke, reiche auch mir deine Hand, damit wir Hand in Hand auf dem Weg des Lichtes, dem Weg meines Lebens gehen; damit ich weiß, daß du immer hier bist, selbst wenn es schwierig ist, dich zu sehen. Führe mich und gib mir ein Zeichen deiner Präsenz und deiner Kraft, damit ich weiß, daß dies wahr ist. Dies ist mein Wille, und wenn er im Einklang mit deinem Willen steht, lasse es bitte so sein. So sei es. Amen.

Wenn du dich gerne hinlegen möchtest, um eingehüllt von der Gegenwart Gottes ein wenig zu schlafen, dann tue dies. Wenn du weiter meditieren möchtest, dann tue dies. Wenn dich danach verlangt, um Rat und Führung für momentane Probleme zu bitten, dann tue dies. Wenn du einer anderen Person Heilung schicken möchtest, dann ist jetzt der richtige Zeitpunkt. Wenn du fertig bist, dann erlaube der Kerze, ganz abzubrennen. Nimm danach das restliche Wasser aus dem Kelch und gieße es in die Erde. Damit verankerst du die Gegenwart, die Kraft und die Weisheit Gottes in deiner physischen Umgebung.

Halte deine Augen und deine Ohren offen, um die Präsenz Gottes in deinem Leben wahrzunehmen. Seine Gegenwart wird sich bemerkbar machen. Halte dein Herz offen, um die Wunder zu empfangen, denn diese werden oft wahrhaft geschehen, um dir Glauben und Vertrauen zu schenken. Öffne deinen Geist der Führung, die sich dir offenbaren wird, und lebe ganz im Glauben und Vertrauen.

Dieses Ritual ist einfach, genau wie das Göttliche. Und doch ist es durch seine Einfachheit nicht weniger kraftvoll. Die Einzelheiten, die ich zur Umgebung für das Ritual gesagt habe, unterstützen zwar dessen Wirkung, doch kann es überall und zu jeder Zeit ausgeführt werden, sofern du die Notwendigkeit dazu verspürst.

Erinnere dich, daß Gottes Präsenz immer mit dir ist, selbst wenn sie nicht gesehen oder gefühlt werden kann. Sie ist wie die Luft, die wir atmen, unsichtbar, unfaßlich, doch immer gegenwärtig. Bewahre diese zarte Weisheit in deinem Herzen und laß sie dich in Notzeiten an diese Wahrheit erinnern.

LADY PORTIA

Das Ritual der Einweihung

Ich bin Lady Portia, Aufgestiegene Meisterin der Vervollständigung und Einweihung, Mithüterin der silbervioletten Flamme der Transformation und spirituellen Alchemie, Botin des Friedens und der Beendigung, Bringerin der Abenddämmerung nach einem Tag schwerer Arbeit.

Ich bin die Wächterin aller Dinge, die warten. Ich bin die Wacht am Wege, die am Tor des Wassermannzeitalters steht; die Beschützerin, die all jene zurückhält, durch die Tore der Einweihung zu gehen, die noch nicht bereit dafür sind.
Zuweilen sieht man mich als Schatten, dunkel und beängstigend, herausfordernd und böse. Aber ich stehe für das, was transzendiert werden muß, bevor ein Neophyt bereit ist, Priester oder Priesterin zu werden, bevor ein Knabe König werden, bevor ein Sucher zum Mitschöpfer an der Seite Gottes und zum Verfechter des Lichtes werden kann.
Ohne vorherige Herausforderung fehlt jeder Auszeichnung Reiz und Würze. Ohne Widerstand kann kein Weiterfließen geschätzt werden. Ohne die kontrollierende Hand des Lehrers, der die Prüfungsaufgaben vorlegt, um zu sehen, ob der Schüler alle Lektionen gut gelernt hat, gibt es kein Gefühl, etwas erreicht zu haben.

Ich repräsentiere die archetypischen Kräfte, die die Evolution lenken und beschränken und die jede Entwicklung fördern. Ich bin die Einweihende auf allen Stufen des Lebensweges – ob die Einweihung nun rituell oder spirituell ist; ob es sich um einen Triumph durch physische Leistung handelt, wie zum Beispiel einen hohen Berg zu besteigen; ob es sich um einen emotionalen Triumph handelt, wenn man zum Beispiel die Kraft gefunden hat, den eigenen Weg zu gehen und jenen zu widerstehen, die einem vorher immer die Energie genommen haben; ob es ein mentaler Erfolg ist, zum Beispiel ein Problem bewältigt zu haben, das einen immer belastet hat. Ich repräsentiere jene Dinge, die transzendiert werden können, und ich repräsentiere die Mittel, durch die Transzendenz erreicht werden kann.

In den Leben, die ich einst lebte, spielte ich oft die Rolle der Dunklen, der Verführerin und der Zauberin. Die Kraft, mit der ich arbeite und die durch mich arbeitet, ist in allen Kulturen bekannt. In Indien zum Beispiel als Maya – die Kraft der Illusion; bei den amerikanischen Indianern als Koyote-Medizin, als Gaukler oder heiliger Clown, als Heyoka; in Tibet als der Dämon alles Unrealen; im Christentum als Teufel.
Doch all diese Kräfte und Formen der Dunkelheit und des Schattens, der Illusion und Verwirrung sind nur Versuchung, Herausforderung, Widerstand, Prüfung. Sie sind Lehrer, die dein Herz und deinen Geist prüfen, die prüfen, ob du bereit bist, weiterzugehen, ob du dir das grüne Gras auf der anderen Seite der Brücke verdient hast.

Ich bin der Troll, der Gruff, den Ziegenbock, prüft.* Ich bin der Riese, der die Zauberharfe bewacht. Ich bin die böse Hexe, die verhindert, daß Dorothy den Weg nach Hause findet.** Ich bin der zweite Weg, der vor dir liegt und dich verführt, tief in den Wald zu gehen, wo der böse Wolf ist.

---

* The Story of the Three Billy Goats Gruff *von Paul Galdone.*
** Der Zauberer von Oz *von L. Frank Baum*

Doch ich bin nicht böse, zu Zeiten aber bin ich dunkel. Dies sind zwei verschiedene Dinge. Meine Rolle, mein Zweck und meine Funktion ist allein zu sehen, ob du bereit bist. Denn wenn du es nicht bist und trotzdem durch das Tor zu den nächsten Ebenen deiner Entwicklung schrittest, würdest du zerstört werden – verzehrt von der Kraft, mit der du noch nicht umgehen kannst. Ich bin die göttliche Sicherung, ein Sicherheitsventil, das verhindert, daß du zu den Ebenen vordringst, für die du noch nicht vorbereitet bist. Ich bin das Schloß, und wenn du bereit bist, bist du selbst der Schlüssel.

Einweihung geschieht oft und auf vielerlei Art in deinem Leben. Einige Einweihungen geschehen täglich und entgehen deiner Aufmerksamkeit, weil du so geschäftig bist. Jede Art von Triumph und Erfolg, wenn du etwas erreicht hast, was du vorher nicht konntest, ist eine Form der Einweihung. Jedes Trauma, jeder Schrecken, durch den du gegangen bist – egal, wie du durchgegangen bist -, ist eine Form der Einweihung. Jede Reise, jedes Abenteuer, jede Expedition ins Unbekannte ist ein Aspekt der Einweihung; ebenso einen neuen Beruf beginnen, den ersten Schultag erleben, in einer Prüfung sitzen, das Auto durch ein Verkehrschaos lenken, einen ganz neuen Kuchen backen, lehren, führen, bewachen, Mutter oder Vater werden, um einen geliebten Menschen trauern, Macht erhalten und lernen, sie zu gebrauchen, ein Regal bauen, lernen, mit einem Computer umzugehen, die verborgenen Talente deines Herzens und deines Geistes anwenden lernen, ein Bild malen, Gedichte schreiben, Musik komponieren, sehen, wie aus einer Jahreszeit die andere wird, Weihnachten oder Ostern feiern, einen Geburtstag oder ein Jubiläum haben, sich an jemanden erinnern, der von dir gegangen ist.

All dies sind mögliche Gelegenheiten für Einweihung und Transformation, die dich, sobald du sie wahrgenommen hast, zu einem neuen Ort in deinem Inneren führen, an dem du noch niemals vorher gewesen bist und der dich zu etwas Neuem und anderem macht. Selbst wenn du eine Prüfung nicht bestanden hast, hast du doch eine Einweihung erfahren, wenn du auch nicht die Belohnung erhalten hast. Die Erfahrung ist nicht weniger wertvoll. Alles ist Lehre, selbst der Schmerz, und der oft sogar mehr als die Freude.

Dunkelheit ist also nicht wirklich schlecht oder böse, sondern einfach eine andere Möglichkeit, das Leben zu erfahren, eine andere Möglichkeit, sich zu entwickeln, eine andere Art, Kraft zu entwickeln und Gott näher zu kommen.

Vor langer Zeit waren Einweihungen eine übliche Angelegenheit. Man hat sie in allen Lebenssituationen erkannt und genutzt. Ob ein Kind geboren wurde oder ein Paar seine erste gemeinsame Nacht erlebte; ob ein Jugendlicher volljährig wurde oder seinen ersten Tag als arbeitendes Mitglied einer Gemeinschaft erlebte; Geburtstage, die Felder pflügen, die Sonne am Morgen und den Mond in der Nacht grüßen; Regen oder Wind, Glück oder Freude rufen; das Jahresrad weiterdrehen oder die Kräfte des Universums um Unterstützung bitten.
Erst in der heutigen Gesellschaft wurden Einweihungen und Rituale ihrer Kraft beraubt. Sie wurden in Folklore oder Liebhabereien abgewandelt oder gingen ganz verloren.
Doch das heißt nicht, daß ihre Kraft verschwunden ist. Sie ist nur vergessen. Sie ruht und wartet, wie ein verborgener Schatz, und alles, was du tun mußt, ist, diesen Schatz wiederzufinden, das Kästchen zu öffnen und den Reichtum und die Kraft zu nutzen. Sieh die Notwendigkeit für Einweihung in deinem Leben, damit du vorbereitet bist, alle Stadien deines Leben durchzumachen, die dein Weg dir anbietet – seien sie noch so trivial, großartig, weltlich, spirituell, noch so klein oder groß.

Hier folgt nun ein Vorschlag für eine Einweihungszeremonie, den du je nach der Situation, vor der du im Leben stehst, abwandeln kannst.

Das erste Ritual wird dich auf die Einweihung vorbereiten. Das zweite Ritual ist für die Zeit nach der Einweihung gedacht. Es soll dich befähigen, die Transformation und die Veränderung in dir zu stabilisieren und zu vervollständigen.

Beginne mit einem Bad, dem du drei Tropfen Patschuliöl, drei Tropfen Lavendelöl und drei Tropfen Rosmarinöl zugefügt hast. Nimm dieses Bad bei Kerzenschein und erlaube dem vollen Duft, in deine Haut, in deinen Geist, in dein Herz und in deine Seele zu dringen. Stelle dir vor, wie dich das Wasser von allen negativen und unangenehmen Energien reinigt, die du während des Tages angesammelt hast.
Die Öle versetzen dein Bewußtsein in einen bestimmten inneren Raum, eine magische und verzauberte Ebene, eine Dimension der Einweihung, des Übergangs und der Veränderung.

Wenn du mit dem Bad fertig bist und dich abgetrocknet hast, kleide dich in Schwarz (in ein schwarzes Ritualgewand oder in schwarze Kleidung, die du besitzt). Begib dich zu deinem Ritualort, suche alle Dinge zusammen, die du brauchst, und komme innerlich zur Ruhe. Gib ein wenig Patschuliöl in die Aromalampe oder verbrenne ein wenig Räucherwerk, lege sanfte Musik auf, die deine Gefühle wachruft und beruhigt, und zünde neun violette oder schwarze Kerzen an.

Bereite außerdem ein Metallgefäß vor, in dem du etwas verbrennen kannst, und lege ein aktuelles Foto von dir selbst bereit, das du nicht mehr willst oder brauchst, ein wenig Lavendel und einen Amethyst sowie Schreibpapier und Stift. Stelle das Metallgefäß auf eine hölzerne oder tönerne Unterlage, um den Untergrund vor der Hitze zu schützen.
Setze dich vor den Altar, auf den du die Kerzen, das Gefäß, das Foto, die Kräuter und den Amethyst gelegt hast. Nimm ein paar tiefe Atemzüge und zentriere dich. Komme zur Ruhe und bereite dich vor. Denke an die Vergangenheit und an die Situation, die zu der Veränderung und Transformation geführt hat, vor der

du gerade stehst – der bevorstehenden Einweihung, durch die du gehen wirst.
Laß alle Emotionen zu: Freude, Ängste oder Befürchtungen. Wenn du willst, dann weine. Wenn du willst, dann lächle. Wenn du willst, dann lache. Empfinde diese Gefühle so tief, wie du nur kannst, und halte dabei dein Foto in den Händen. Zeichne mein Symbol in die Luft und rufe mich wie folgt:

Lady Portia, Lady von Shambhala, Aufgestiegene Meisterin der Einweihung und Vervollständigung. Ich rufe deine Kräfte und deine Gegenwart, damit sie bei diesem Ritual, bei dieser Einweihung Zeugen sein mögen. Denn ich trete eine Reise an, die mich zu einem inneren Ort bringen wird, an dem ich noch nicht war. Diese Reise wird mich auf eine Art verändern, die ich noch nicht einmal beginne zu verstehen.
Ich fürchte mich und bin voller Erwartung und Freude – doch ich fühle mich alleine und ein wenig verloren. Ich brauche Führung, Schutz und Zuversicht auf meinem Weg. Hilf mir, führe mich, erlaube mir, meine eigene Stärke zu sehen, die ich brauche, um diese Einweihung zu bestehen und triumphierend daraus hervorzugehen.

Nimm das Foto und verbrenne es in der Metallschale. Wenn das Foto brennt, gib etwas Lavendel darüber, nimm den Amethyst in deine Hand und sprich folgende Worte:

Dieses Foto, das von den Flammen verzehrt wird, symbolisiert mein altes Selbst. Laß mein altes Selbst sterben. Laß es sterben, damit es neu geboren werden kann.

Stelle sicher, daß von dem Foto nur noch Asche übrigbleibt. Dann lehne dich zurück und schließe die Augen. Laß deinen Verstand zur Ruhe kommen, erlaube allen weltlichen Gedanken und Bildern, frei zu fließen, als wären sie Wolken am Himmel. Sei nicht zu streng mit ihnen. Schreibe nun die Gedanken, Bilder oder Gefühle auf, die durch deinen Geist ziehen.

Diese Gedanken wurden dir zur Führung geschickt. Selbst wenn sie dir weltlich, merkwürdig oder unpassend vorkommen, ist es dennoch wichtig, sie aufzuschreiben und sie aufzubewahren, wenn du durch die Einweihungsstufen deines Lebens gehst. Nur dann kannst du feststellen, ob sie verborgene Botschaften enthalten, die du vielleicht erst zu einem späteren Zeitpunkt entdecken und schätzen lernst.
Wenn keine weiteren Bilder erscheinen, lege den Amethyst zurück auf den Altar, lehne dich zurück, nimm wieder ein paar Atemzüge und ruhe dich aus.

Nun hast du deine Reise begonnen und dir selbst bei der Transformation geholfen, die unvermeidlich eintreten wird. Lösche die Kerzen, und bevor du mit Frieden im Herzen in deinen Alltag zurückkehrst, beende das Ritual, indem du die Asche des Fotos in der Erde vergräbst. So stellst du sicher, daß sich die Transformation auch auf der physischen Ebene manifestieren kann.

Wenn du zu einem späteren Zeitpunkt das Gefühl hast, durch die Einweihungsphase hindurchgegangen zu sein, und eine Vervollständigung suchst, dann nimm ein ähnliches Bad, trockne dich ab und ziehe dieses Mal unter der schwarzen Ritualkleidung weiße Kleidung an.

Begib dich zu deinem Ritualort, zünde wieder die neun violetten oder schwarzen Kerzen an, die du schon beim ersten Ritual verwendet hast. Auf dem Altar liegt wieder der Amethyst, aber diesmal nicht die Metallschale und auch keine Fotografie. Zünde die Kerzen an, zeichne mein Symbol und sprich mich auf folgende Weise an:

Lady Portia, Aufgestiegene Meisterin der Einweihung und Vervollständigung, ich bin nun durch die Dunkelheit und Ungewißheit der Einweihung gegangen und bitte um Abschluß. Ich sehne mich danach, das Ende dieser Reise zu erreichen, damit ich ruhen und die Kraft und die Erfahrung, die mir gewährt wurden, verwenden kann. Ich möchte Frieden, Harmonie und Gleichgewicht finden. Gewähre mir die Kraft, alle Lektionen zu verstehen und die gewonnene Weisheit klug einzusetzen. Gib mir die Einsicht zu wissen, ob ich das, was ich lernen sollte, auch gelernt habe, damit es mich in Fülle, Liebe und Licht wachsen und blühen läßt.

Lege jetzt die schwarze Kleidung ab, so daß du nun ganz in Weiß bist, und sprich:

Ich bin in die Dunkelheit eingetreten und durch sie ins Licht gegangen. Ich bin nicht mehr die Person, die ich vorher war. Ich habe mich verändert, einen Teil meiner selbst transzendiert. Ich habe meine Lektionen gelernt und bin in einen neuen Seinszustand, in eine neue Kraft eingetreten. Ich bin nun durch diese Einweihung in dieser Lebensphase gegangen.

An dieser Stelle ist es nun wichtig, daß du dich auf den Weg machst und dir etwas kaufst, das dir als Symbol für die Transformation und Einweihung dient, durch die du gegangen bist. Es kann ein Kleidungsstück sein, ein Schmuckstück, du kannst dir einen neuen Haarschnitt oder eine neue Haarfarbe zulegen, um deine Erscheinung ein klein wenig zu verändern. Mache irgend etwas, das dir als physisches Zeichen deiner Transformation dienen kann, damit du es anschauen und dich an die Einweihung erinnern kannst.

Dieses Ritual kannst du abändern, wie es deiner momentanen Lebenssituation am besten entspricht. Wenn du etwas hinter dir läßt, dann verbrenne ein Bild davon. Wenn es um eine Person geht, nimm ein Foto von dieser Person. Wenn es die Feier einer Volljährigkeit oder eines Jubiläums ist, dann singe ein Lied oder nimm einen Kuchen oder ein Geschenk für dein Ritual. Falls der Anlaß Trauer ist, nimm ein Foto von der Person, die du verloren hast. Sprich die Person an, bitte sie, über dich zu wachen und dich durch die Einweihung des Verlustes zu führen. Durch Meditation wirst du immer neue Wege finden, wie du das Ritual gestalten kannst, um es der Einweihung anzupassen, durch die du gerade gehst.

Obwohl dieses Ritual von seiner Form her einfach ist, wirst du feststellen, wie kraftvoll seine Wirkung ist. Du wirst feststellen, daß es sich dabei um eine Anerkennung und innere Bestätigung des Prozesses handelt, durch den du gerade gehst.

Du kannst das Ritual mit einer Feier oder einer stillen Kontemplation beenden, du kannst aufschreiben, was du erlebt hast, einen Spaziergang machen oder den Abend mit Freunden verbringen. Es ist wichtig, die Kerze ganz abbrennen zu lassen. Achte ganz besonders auf die Sicherheit.

Wenn du Einweihungen in deinem Leben herausstellst, wirst du bemerken, daß du so klarere Abschnitte, Höhepunkte und zukunftsträchtige Momente für die Landkarte deines Lebensplans gestaltest. Dies wird dir helfen, immer klarer in neue Lebensphasen einzutreten.
Einweihung ist eine kraftvolle Erfahrung, die auf allen Ebenen deines Seins tiefe Transformation herbeiführen kann. Einweihung durch andere Menschen ist ebenfalls kraftvoll, doch Selbsteinweihung ist noch kraftvoller. Es ist ein Zulassen des Göttlichen und eine Hingabe an das Göttliche. Eine Einverständniserklärung, daß die innere Transformation stattfinden und Liebe und Leben bringen kann.
Wie traurig und schwierig, wie schmerzhaft Einweihungen auch immer sein mögen, sie bringen letztendlich nur Licht.

Gehe nun in Frieden und Freude und feiere die erhabenen Momente deines Lebens. Wisse, daß du von einem Moment zum nächsten nie wieder die- oder derselbe sein wirst. Wisse, daß das Leben an sich eine Einweihung ist. Jeder Tag und jeder Moment eines jeden Tages trägt die Magie und die Kraft in sich, dich für immer zu transformieren, dich subtil und großartig zu verändern und dich deinem göttlichen Potential immer näher zu bringen.

Ich werde mit einem Gebet abschließen. Es ist dem Universum gewidmet, und du kannst es für dich selbst oder ganz sanft für jemand anderen sprechen, die oder der vielleicht gerade eine Einweihung im Leben durchmacht. Du kannst es auch auf einer Grußkarte an jene verschicken, die vielleicht noch nicht bereit sind, ihr eigenes spirituelles Potential zu erforschen, und sich möglicherweise noch vor Ritualen fürchten.
Das Gebet trägt das Bewußtsein von Einweihung in sich. Es kann dabei helfen, die Bewußtheit in den Menschen zu erhöhen, die sich von ihm berühren lassen.

Göttliches Licht, das viele Formen, Farben und Namen trägt, schau mit deinen liebenden Augen auf mich herab, wie ich auf meinem Lebensweg wandere. Ich stehe vor einer Erfahrung, die eine große Herausforderung [sehr freudvoll/sehr schmerzhaft] für mich ist.
Diese Erfahrung ist wie ein Tor, das mich zu einem Ort bringt, an dem ich vorher noch niemals war, und ich fürchte mich davor. Versichere mich deiner Liebe, hülle mich in deine sanften Flügel, damit ich weiß, daß ich, wohin auch immer dieses Tor führt, niemals alleine bin, sondern dein Licht immer bei mir ist und mir Führung, Zuversicht und Liebe gibt, daß keine Entscheidung wirklich falsch ist und daß in der Dunkelheit das Licht existiert und auch gefunden werden kann. Weihe mich ein, göttliche Quelle, Mutter und Vater des Lebens. Salbe mich und hilf mir in Gnade und Hingabe vorwärts, in eine bessere Zeit, zu einem besseren Ort, zu meinem größeren Ich, damit ich in Ewigkeit im Angesicht des ewigen Lichtes blühen und wachsen kann. Amen.

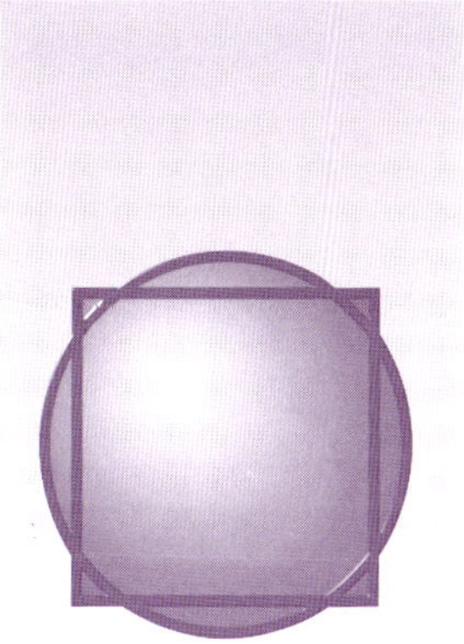

EL MORYA

Das Ritual des Schutzes

Ich bin El Morya, einst bekannt als Artus, König von England; Lord von Shambhala und Aufgestiegener Meister; ich bringe der Erde den Willen Gottes; ich bringe Stärke, Schutz, Harmonie und Frieden.

Es ist schwierig, über das Thema Schutz zu sprechen. Für viele ist es eine Prozedur, die unnötigerweise Dunkelheit anzieht und eher Probleme bringt als löst. Einige glauben fest daran, daß ein Schutzritual die Dunkelheit geradezu herbeiruft, was vermeidbar wäre, indem man auf das Ritual verzichtet und voller Glauben und Gottvertrauen bleibt. Wieder andere glauben, daß ein Schutzritual das Böse erschafft, das uns dann angreifen wird. Einige glauben, daß die Dunkelheit eine Illusion sei, ein Nichts, das wir nicht begreifen können. Andere behaupten, daß wir volles Vertrauen in unsere Geistführer, in Gott, in die Meister und in die Engel haben sollen, die über uns wachen und uns beschützen. Und dies ist wahr.

Doch die Menschen sind Wesen, die immer noch an die Erde gebunden sind, mit all ihren Gesetzen und Beschränkungen. Sie müssen daher für ihr eigenes Leben Verantwortung übernehmen und verstehen, daß die Dunkelheit wirklich existiert. Sie ist Teil des Universums, Teil des Göttlichen. Wenn Menschen sagen, daß die Dunkelheit eine Illusion ist, wäre dies gleichbedeutend damit, daß auch das Licht Illusion ist. Und dies ist nicht so.

Wie wir gesehen und herausgefunden haben, ist die Dunkelheit nicht böse. Doch die Dunkelheit wird alles daransetzen, uns vom Erreichen des Ziels unserer Evolution abzuhalten, das uns vorbestimmt ist. Und wenn dies bedeutet, daß sie dafür jene benutzt, die Böses im Herzen tragen, dann sei es eben so.
So müssen wir auf der Erde also die Verantwortung für uns selbst übernehmen. Ja, wir können die Meister und Engel und die spirituellen Wesen um Unterstützung, Hilfe und Schutz bitten, doch wir müssen auch sonst alles tun, was wir können, um den nötigen Schutz zu erhalten, der uns die Dunkelheit fernhält, die uns auf körperlicher, Herzens- und Geistesebene angreifen will.
Um geschützt und sicher zu sein, müssen wir alle Ebenen unserer Existenz abdecken, damit wir nicht kontrolliert, manipuliert, ausgelaugt, angegriffen und geschwächt werden.

Viele würden sagen, die beste Art, sich vor der Dunkelheit zu schützen, ist, sie zu transzendieren. Und dies ist richtig. Wesen der niederen Astralebene, Elementarwesen und ähnliche andere Wesenheiten, die aus niedrig schwingenden Dimensionen heraus angreifen, kann man einfach durch Transzendieren überwinden.
Transzendieren ist einfach das Erhöhen der Schwingung auf eine höhere spirituelle Ebene. Freude und Glücklichsein ist eine einfache Übung, die dir dabei helfen kann, dich vor Negativität auf mentaler, emotionaler oder körperlicher Ebene zu schützen. Wenn du einmal in Gesellschaft einer Person bist, die mental oder emotional gestört oder verwirrt ist und auf diesen Ebenen ihrer Persönlichkeit viel negative Energie trägt, kannst du dich diesen Einflüssen sehr leicht durch Freude und Glücklichsein entziehen.

In der Geschichte von Peter Pan wird erzählt, daß er fliegen konnte, sobald er einen frohen Gedanken fand. Das gleiche gilt auch in deiner Realität. Wenn du sprichwörtlich in die höchsten spirituellen Ebenen fliegen willst, mußt du nur einen frohen Gedanken finden, mußt die Freude finden, die in deinem Herzen existiert, und mußt dich auf sie konzentrieren. Eine Erinnerung an eine glückliche Zeit, ein Gedanke an eine geliebte Person oder an etwas, das dir Freude und Glück bringt. Selbst wenn es sich um Nahrungsmittel handelt oder um einen Ort, finde deinen freudigen Gedanken. Halte ihn in deinem Geist fest und laß aus deinem Herzen ein Licht wie eine sanfte, warme Welle strahlen. Lächle, lache und fühle, wie du ganz leicht hochgehoben wirst, über alle Ebenen und die Dunkelheit hinweg.

Dunkelheit existiert allerdings in verschiedenen Formen und Gestalten auf allen Schwingungsebenen. Wenn du dich also in eine höherfrequente Schwingung versetzt, kannst du auch einer Form der Dunkelheit begegnen, die kraftvoller und extremer ist. Und darauf mußt du vorbereitet sein. Außerdem gibt es an jedem Punkt deiner Evolution ein bestimmtes Limit der Schwingungshöhe, die du erreichen kannst. Und diesen Zustand von Freude und Glück aufrechtzuerhalten ist schwierig. Deshalb gibt es andere Wege, sich zu schützen.

In der Zeit, in der ich als Artus lebte, war Schutz kein besonders kompliziertes Thema. Auf der physischen Ebene halfen ein gutes Schild, eine gute Rüstung, eine Burg mit dicken Mauern und tiefen Gräben, gute Gefolgsleute und ein schnelles Pferd.

Doch für jene, die damals auf einer spirituellen oder magischen Ebene lebten, wie zum Beispiel mein Freund und Berater Merlin – der jetzt der Aufgestiegene Meister Saint Germain ist -, war Schutz eine magische und spirituelle Sache, bestehend aus Ritualen und Gebeten und Anrufungen an Gott und an die Archetypen.

Das Ritual, das ich hier gebe, ist eine Kombination von beidem. Es verwendet ein Symbol, das aus der Ära meines Königtums stammt: das Bild des Schwertes.
Vielleicht erscheint dir dieses Ritual als zu komplex. Und das ist es auch wirklich. Doch sobald du das Ritual ein paarmal durchgeführt hast, wirst du dich leicht daran erinnern. Es wird dir flüssig und sanft von der Hand gehen, und du wirst zweifellos die Kraft seines Schutzes spüren.

Sobald du mit dem Ritual begonnen hast, empfiehlt es sich dringend, daß du es bis zum Ende durchführst. Wenn du es nur halb durchführst, wirst du seine Kraft schwächen und vielleicht sogar einer negativen Energie ermöglichen, in deinen Schutzkreis einzutreten, den du als flexibles Schutzfeld um dich herum aufbaust. Es ist wichtig, daß der Raum, in dem du arbeitest, energetisch und physisch sauber ist. Du kannst vor dem Ritual den Raum spirituell klären und reinigen, indem du etwas Weihrauch, Lavendel oder Salbei verbrennst. Dies wird die Schwingung für deine Visualisation ausreichend erhöhen.

Wenn du genügend Zeit hast, dich auf dieses Ritual vorzubereiten, dann nimm ein schönes heißes Bad, in das du fünf Tropfen Weihrauchöl gegeben hast. Erlaube dem reichen Aroma des Öls, in deine Haut einzudringen, atme es tief in deinen physischen Körper ein. Ziehe frischgewaschene Kleidung an und begib dich zu deinem Ritualort.
Zünde eine Kerze an, die entweder weiß, silbern, golden oder violett ist, und stelle sie vor dich hin. Nimm dir ein paar Momente, um dich zu zentrieren, zu atmen, still zu werden. Stelle vorher sicher, daß du nicht gestört wirst, damit deine gesamte Konzentration der Übung gelten kann, die du gleich ausführen wirst.

Beginne, indem du dir einen fünfzackigen Stern vorstellst, in dessen Mitte du sitzt. Setze dich so hinein, daß eine Spitze direkt vor deinem Gesicht ist, zwei Spitzen links und rechts von dir und zwei Spitzen hinter dir. Stelle es dir klar und deutlich vor.

Nun visualisiere, wie du ein Schwert in voller Größe in der Hand hältst. Das Schwert ist aus violettem Licht gemacht. Stecke es in die Sternspitze direkt vor dir, so daß die scharfe Seite der Klinge von dir weg nach außen zeigt. Setze dich nun zurück und sprich folgende Worte:

Dies ist das Schwert von Azrael, dem Erzengel des Geistes, Schöpfer aller Engel der Elemente. Dieses Schwert steckt hier, um mich vor allen Angriffen auf den spirituellen Ebenen des Lebens zu schützen. Damit ich sicher und beschützt bin – während ich wache und während ich schlafe.

Als nächstes visualisiere ein zweites Schwert in deiner Hand. Es besteht aus dem Grün der tiefen Wälder. Stecke es in die rechte Spitze des Pentagramms, so daß die stumpfe Seite der Klinge dir zugewandt ist. Setze dich zurück und sprich folgende Worte:

Ich rufe die Kräfte des Schwertes von Erzengel Uriel, Erzengel der Erde, Herr und Meister der Geheimnisse des Planeten, auf dem ich lebe. Ich rufe deine Stärke und deine Weisheit, damit sie mich auf der physischen Ebene behüten mögen; damit sie mich vor jedem physischen Schaden und vor Unfällen schützen – während ich wache und während ich schlafe.

Drehe nun deinen Körper zur dritten Sternspitze, die rechts hinter dir liegt. Visualisiere das dritte Schwert, wie es sich aus hellblauem Licht in deiner Hand formt. Stecke es ebenfalls in die Sternspitze, so daß die flache Seite der Klinge dir zugewandt ist. Setze dich zurück und sprich:

Ich rufe die Kräfte von Erzengel Raphael, dem Erzengel der Lüfte. Ich rufe die Kräfte dieses Schwertes, damit sie mich vor allen Angriffen auf der mentalen Ebene schützen; vor Gedanken, die in mir existieren, oder vor Gedanken, die andere in mich hineinprojizieren. Ich rufe die Kräfte des Schwertes, damit sie mich im

Zustand der heilenden Gnade halten, so daß ich gesund und klar bleibe – während ich wache und während ich schlafe.

Drehe dich nun zur vierten Spitze. Visualisiere, wie sich das Schwert in deiner Hand bildet. Es ist gemacht aus dem gleißenden Feuer der Sonne. Stecke es wie die anderen Schwerter ein, setze dich zurück und sprich folgende Anrufung:

Ich rufe das Schwert von Erzengel Michael, dem Erzengel des Feuers. Ich rufe die Kräfte der Leidenschaft, die Kräfte der Liebe und die Kräfte der spirituellen Alchemie. Ich rufe die Kräfte des Helden Gottes. Schützt mich vor allen Dingen, die meinen Geist und mein Herz angreifen können. Schützt mich in Zeiten der Transformation; schützt mich in den Zeiten dazwischen, wenn der Schleier am dünnsten ist. Ich rufe das Schwert von Michael und erbitte seinen Schutz – während ich wache und während ich schlafe.

Drehe dich nun zur Spitze des Pentagramms auf deiner linken Seite und visualisiere, wie sich ein Schwert in deiner Hand formt, das aus den wäßrigen Grün- und Blautönen der Ozeane gemacht ist. Stecke es in die Spitze, setze dich zurück und sprich diese Anrufung:

Ich rufe das Schwert von Erzengel Gabriel, Erzengel der Wasser, Erzengel der Träume, Erzengel der Herzen, Hüter des heiligen Kelches – des Grals, der die Mysterien des Göttlichen enthält. Gabriel, schütze mich, während ich schlafe und träume; wenn ich in der Nacht meine physische Form verlasse und in die Astralebenen gehe. Halte mein Herz rein und verbanne alles Böse, das darin existieren mag und gegen mich verwendet werden könnte. Beschirme mich vor emotionalem Unrecht, das mir von anderen beigebracht werden könnte. Beschütze mich – während ich wache und während ich schlafe.

Drehe dich so, daß du nun wieder vor dem Schwert des Geistes sitzt, dem ersten Schwert, das du eingesteckt hast. Ruhe für

einen Moment. Fühle die Kraft und die Energie um dich herum. Nun wirst du fünf weitere Schwerter in das Pentagramm stecken, wieder mit der scharfen Schneide nach außen und zwischen die bereits vorhandenen Schwerter.
Stelle dir vor, wie sich in deiner Hand ein Schwert aus purem Licht bildet, als wäre es direkt aus dem Herzen der Sonne gemacht. Stecke dieses Schwert zwischen das Schwert des Geistes und das Schwert der Erde und sprich folgende Anrufung:

Ich rufe das Schwert des Lichtes, das für das Göttliche selbst steht. Für das Licht, das Leben bringt, für das Licht, das unsere letztendliche Bestimmung ist; für das Licht, das Kraft und Stärke ist. Beschütze mich, Kraft des Lichts – während ich wache und während ich schlafe.

Visualisiere, wie sich in deiner Hand ein Schwert aus dem lebendigsten und schönsten Rosa bildet, das du dir nur vorstellen kannst. Stecke es zwischen die Schwerter der Erde und der Luft:

Ich rufe das Schwert der reinen Liebe. Ich rufe die Kräfte des Herzens. Ich rufe die bedingungslose Energie des Göttlichen, damit sie mich schützt und über mich wacht, ob ich zur See fahre oder an Land bin – wer oder was ich auch sein mag. Behüte mich in der Liebe – während ich wache und während ich schlafe.

Zwischen die Schwerter der Luft und des Feuers stecke ein drittes Schwert. Es ist gemacht aus glänzendem und gleißendem Silber.

Ich rufe das Schwert der Wahrheit, das alle Täuschungen und Lügen durchdringt, das Schwert, das die Kräfte der Verwirklichung und Erleuchtung schützt und verteidigt. Schwert, reinige und kläre meinen Geist, damit ich das Licht sehen und die Dunkelheit ignorieren kann; damit ich zu den Menschen geführt werde, die mich lieben und die mich lehren können; damit ich von Illusion und Betrug ferngehalten werde – während ich wache und während ich schlafe

Zwischen die Schwerter des Feuers und des Wassers stecke ein Schwert, das aus platingleichem hellblauem Licht gemacht ist und wie Mondlicht schimmert.

Ich rufe das Schwert der Harmonie und des Friedens. Lasse meine Gedanken und mein Herz still werden, öffne meinen Geist, damit ich in Klarheit sehen und wissen kann. Ich rufe das Schwert, damit es mich auf dieser Ebene hält und ich nicht von den Täuschungen der Dunkelheit beeinträchtigt werde, sondern in meinem Inneren still sein kann – während ich wache und während ich schlafe.

Sieh das fünfte Schwert, wie es sich in deiner Hand in einem opalisierenden Licht manifestiert. Stecke es in die Stelle zwischen den Schwertern des Wassers und des Geistes und sprich:

Ich rufe das Schwert der Unschuld, das Schwert der Reinheit, das Schwert des inneren Kindes, das Schwert des Staunens. Öffne meine Augen, damit ich die Wunder der Welt, in der ich lebe, sehen kann; damit ich wie ein Kind die Reinheit, Unschuld und Wahrheit sehen kann und durch diese Unschuld und Wunder mit der Magie verbunden bin, die in mir existiert und die von Gott kommt und die mich beschützt – während ich wache und während ich schlafe.

Wende dich nun wieder dem allerersten Schwert zu, dem Schwert des Geistes. Strecke deine linke Hand vor und visualisiere ein elftes Schwert, dessen Klinge tief in der Erde steckt. Dies ist das Schwert deines Schutzengels, der immer über dich wacht und dich beschützt. Es ist geschmiedet aus der Farbe der Flügel deines Schutzengels.

Ich rufe die Kräfte meines Schutzengels. Ich rufe die Kräfte seines Schwertes. Beschützt mich und überwacht alle Schritte auf meinem Weg, damit ich allzeit in Sicherheit bin – während ich wache und während ich schlafe.

Strecke nun deine rechte Hand vor und visualisiere das zwölfte und letzte Schwert, das ebenfalls mit der Klinge tief in der Erde steckt. Dies ist dein Schwert, geschmiedet aus dem Licht deiner Seele, schimmernd und glänzend von deinem persönlichen Zauber.

Ich rufe die Kräfte meines eigenen Schwertes, das aus dem Licht meiner Seele geschmiedet ist, dem Teil meiner selbst, der göttlich und mit Gott verbunden ist. Dieses Schwert ist das zwölfte, das die vorangegangenen elf Schwerter vervollständigt. Zwölf heilige Schwerter, die mich beschützen und mich auf dem Weg führen und die Dunkelheit von mir fernhalten, damit es mir wohl ergeht – während ich wache und während ich schlafe.

Sieh nun mit deinem geistigen Auge, wie die Schwerter eine Lichtsphäre um dich herum schaffen. Jedes Schwert schimmert auf seine eigene Art und steuert seine eigene Farbe bei. Das Kraftfeld um dich herum ist stark und pulsiert von der Kraft der vielen Farben. Du bist in diesem Licht beschützt und sicher.

Wenn du wünschst, daß diese Visualisation etwas beweglicher und schneller zugänglich ist, dann stell dir vor, wie sich das Lichtfeld enger um deinen Körper schließt, bis es die Form einer undurchdringlichen Rüstung hat. Du kannst auch das Lichtfeld so an dich heranziehen, daß es dich wie ein Kokon oder ein Ei umgibt.

Wenn du dich von der Dunkelheit verfolgt fühlst, dann stell dir einfach vor, wie du, zwei Schwerter in der Hand, inmitten der zehn Lichtschwerter stehst. Wisse, daß du beschützt und in Sicherheit bist.

Diese Visualisation ist wirklich etwas komplex, und vielleicht findest du sie anfangs etwas schwierig durchzuführen. Doch Visualisationen verlieren nicht an Kraft, wenn du währenddessen in einem Buch nachliest und die Anweisungen Schritt für

Schritt umsetzt. In erster Linie zählt nur die Absicht und das Verlangen. Die Technik kommt dann von alleine.

Schutz ist ein wichtiges Thema in der Welt, in der wir leben. Wo das Licht wächst, wächst auch die Dunkelheit. Wir nähern uns einer wichtigen Zeit, in der die Menschheit extrem versucht und geprüft und Schutz immer wichtiger wird. Indem wir dem Tor der Ordnung, das ins Paradies führt, näher und näher kommen, mußt du die Verantwortung für dein Leben voll übernehmen. Bitte deine Führer und Schutzengel um Hilfe, doch trage auch deinen Teil dazu bei.
Rufe den nötigen Schutz, um auf dem Weg des Lichts in Sicherheit zu sein. Wisse, daß dich die Meister so gut sie können beschützen und daß ihre Liebe immer bei dir ist. Wisse auch, daß ihre Freude und ihr Glück jenen folgt, die sich für Gott und seine spirituellen Führer einsetzen.

Diese Visualisation kannst du in einen Kristall oder in einen Anhänger projizieren, den du tragen möchtest. Vielleicht sieht der Anhänger aus wie ein Schwert, vielleicht ist er aus Gold oder Silber. Du kannst den Kreis mit den Schwertern auch auf ein Stück Papier zeichnen und im Geldbeutel oder in der Brieftasche bei dir tragen. So kannst du immer schnell den Bezug zu diesem Schutzritual herstellen und die Visualisation, die ja in deinem Geiste bereits existiert, wieder stärken.

Wenn du dich mit Salbei-, Weihrauch- oder Lavendelöl salbst, umgibst du dich mit einem kraftvoll schützenden Energiefeld. Doch letztendlich ist der beste Schutz dein Verlangen, beschützt zu sein, und dein Wissen, daß man dir nichts anhaben kann.

Schreite nun voran in Frieden und Liebe. Bringe Ordnung ins Chaos und Frieden in Disharmonie.

KWAN YIN

Das Ritual des Mitgefühls

Ich bin Kwan Yin, Aufgestiegene Meisterin, Lady von Shambhala, Herrin des Mitgefühls und des Friedens; Bringerin von Ordnung und Stille; Hüterin der Ruhe und des heilenden Lichts. Ich trage die perlweiße Flamme des Mitgefühls; jene Flamme, die einst auf Erden in den Tempeln und heiligen Orten physisch manifestiert war, die mir gewidmet waren und unter der Obhut meiner Präsenz und Kraft standen.

Die Flamme war die physische Manifestation und Repräsentation des Mitgefühls, das Menschen füreinander hegen. Sie stand für die Fähigkeit, Freude und Traurigkeit, Liebe und Mitgefühl zu empfinden. Sie stand für die Kraft der Großzügigkeit, die es möglich macht, einander in aller Schönheit und bedingungsloser Liebe das zu geben, was man braucht.

Mitgefühl wurde für lange Zeit von der Menschheit mißverstanden und durch Mitleid und Wohltätigkeit ersetzt. Mitgefühl wurde zu einem Wort, das im Vokabular von vielen Menschen nicht mehr vorkam, denn die Idee des Mitgefühls schien abstrakt und wunderlich.

Mitgefühl ist Einfühlungsvermögen in die Notlage der Welt und aller Wesen, die in ihr leben. Mitgefühl ist Sensibilität für die Bedürfnisse der Menschen, mit denen man verbunden ist, ist tief im Herzen empfundenes Verständnis für die Menschen, die weniger Glück haben als man selbst.
Mitgefühl ist verwandt mit der Sensibilität einer Mutter für ihr Kind und ist verwandt mit der Sensibilität der Erde für alle Wesen, die auf ihr leben.

Mitgefühl ist das Geschenk, das ich der Menschheit bringe, damit ihre Wunden der Wut, Eifersucht, Bitterkeit und Rache heilen können. Wenn Mitgefühl hell im Herzen brennt, bringt es Gelassenheit und Frieden mit sich, und wenn man gelassen ist, besteht keine Notwendigkeit mehr, sich von der Panik und dem Chaos der Welt mitreißen zu lassen. Man kann die Realität, in der man lebt, aus der höheren Warte des Beobachters sowie aus der Warte des Betroffenen sehen.
Mitgefühl bringt also Frieden, Gelassenheit, Stille, Liebe, Schönheit, Staunen, Freude und Heilung. Gelassenheit ist einer der Schlüssel zur Zukunft. Mitgefühl ist wie die Sprosse einer Leiter, mit der man Gelassenheit erreicht.

Das Ritual, das ich hier anbiete, ist einfach. Es ist ein Ritual des Mitgefühls und der Heilung. Es ist ein Ritual, das du verwenden kannst, um dich selbst zu heilen oder um einer anderen Person Heilung zu senden. Es kann immer wieder durchgeführt werden, um Mitgefühl im Herzen aufzubauen, zu fördern, zu stärken und um zu verstehen.

Bereite dich vor, indem du ein Bad nimmst, das du mit Neroliöl aromatisiert hast. Entspanne dich in diesem Aroma und lasse zu, daß dein Geist ruhig wird. Nach dem Bad trockne dich ab und kleide dich in Naturweiß oder Hellrosa und begib dich zu deinem Ritualort. Zünde eine hellrosafarbene Kerze an, zeichne mein Symbol in ihre Flamme, setze dich in ihr Licht und atme langsam und sanft.

Um dich hast du Dinge versammelt, die Mitgefühl in dir auslösen. Es sind vielleicht Fotos von Freunden oder Familienmitgliedern, Fotos von Tieren oder Landschaften, Bilder, die Freude oder Traurigkeit in dir auslösen, oder Gedichte, Kunstgegenstände und Musik.
Schau dir diese Bilder und Gegenstände intensiv an, fühle sie, schaue nicht nur mit den Augen, sondern auch mit dem Herzen. Erforsche das Gefühl, das du als Mitgefühl erkennst, in seiner ganzen Tiefe. Laß es wachsen und dich ganz mit seiner Kraft anfüllen, bis dir vor Kraft warm wird. Sobald du die Flamme des Mitgefühls im Herzen spürst, schließe die Augen und konzentriere dich darauf.
Lege deine Hände über das Herzzentrum und fühle die Kraft seines Lichtes. Nun beginne damit, deinen Körper ganz langsam spiralenförmig zu wiegen. Summe dabei die Musik mit, die leise im Hintergrund spielt, und konzentriere dich mit geschlossenen Augen auf die Liebe, die du mit der Kraft der emotionalen Evokation und der Kraft des Mitgefühls in deinem Herzen erzeugt hast.

Wenn du diese Energie dazu verwenden möchtest, jemand anderen zu heilen, dann öffne deine Augen, nimm ein Foto oder ein Stück Papier, auf dem der Name der betreffenden Person steht, und schau es für eine Weile intensiv an. Erlaube deiner Energie, sich auszudehnen und mit dieser Person eine starke und kraftvolle Verbindung einzugehen.
Fühle, wie sich die Strahlkraft und das Licht deiner inneren Liebe in das Foto oder auf das Blatt mit dem Namen ergießen und durch die Resonanz des Fotos oder des Namens auf dem Papier in die Person.
Halte das Bild oder das Blatt Papier an dein Herz, schließe die Augen und beginne wieder mit der langsamen, spiralenförmigen Körperbewegung. Höre die Musik und summe sie mit.

Wenn du dir selbst Heilung schickst, dann lasse deine Hände fest über dem Herzzentrum ruhen und konzentriere deine Auf-

merksamkeit auf den Aspekt deiner Seele, deiner Persönlichkeit oder deines Körpers, der Heilung braucht.
Stelle dir vor, wie die perlweiße Flamme des Mitgefühls zu strahlen beginnt, wie sie wächst, erblüht, sich ausdehnt und schließlich den ganzen Körper mit ihrem perlweißen Licht erfüllt und umhüllt. Fühle, wie die Energie dieser Flamme Transformation und Energie, Leben und Liebe schenkt.

Sobald du spürst, daß die Energie übertragen ist, lege das Foto wieder hin oder nimm deine Hände vom Herzen und lasse sie neben deinem Körper ruhen. Nimm nun ein paar tiefe Atemzüge und dehne dein Bewußtsein aus. Höre den Klang der Musik und die Geräusche des täglichen Lebens um dich herum.
Rieche die Luft, nimm den Duft des Räucherstäbchens wahr, das du vielleicht angezündet hast, und fühle das Licht, wie es durch deine geschlossenen Augenlider scheint. Entspanne dich, dehne dich aus. Du bist ein ruhiges und friedvolles Wesen aus Licht.

Nun beende dieses Ritual, indem du dir vorstellst, in einer weißen Seerose zu sitzen. Die Seerose ist riesig groß, und ihre Blütenblätter strahlen ein leuchtendes Licht aus. Sie schließen sich langsam und bilden eine enge, strahlende Lichtblase um dich herum. Diese Seerose wird dir dabei helfen, das Gefühl der Ruhe, der Stille und des Friedens in dir zu bewahren und Störungen, Schmerzen und Unruhe draußen zu lassen. Sobald die Seerose dich versiegelt hat, kannst du deinen Ritualort verlassen und deiner Beschäftigung nachgehen. Lasse die Kerze ganz herunterbrennen.

Die Fotos, Bilder, Gedichte oder die Musik können sich, wenn du willst, bei jedem neuen Ritual verändern. Wenn du einige von ihnen mit dir tragen möchtest, können sie dir im täglichen Leben helfen, spontane Momente des Mitgefühls und der Stille zu erzeugen. Sie können dir helfen, Gelassenheit zu finden, wenn du sie brauchst, egal, wo du bist oder wie schwierig die Situation ist.

Indem du das Foto anschaust und die Flamme des Mitgefühls in dir wachsen läßt, wirst du innerlich wieder zu dem Moment zurückgeführt werden, in dem du das Ritual ausgeführt hast und mit tiefem universellen Frieden, Stärke und Ruhe erfüllt warst. Diese Liebe wird dich ankern, erden und verwurzeln.

Mitgefühl ist ein ausstrahlendes, ansteckendes Symptom des Lichtes. Wenn du dein Leben in Mitgefühl lebst, wirst du finden, daß dein Beispiel Mitgefühl erzeugt. Je mehr Mitgefühl du anderen zeigst, um so mehr Mitgefühl werden sie dir zeigen. Du wirst in einen wundervollen Zustand der Gelassenheit, des Friedens und der Freude kommen.

Versuche Mitgefühl in deinem Leben zu üben. Versuche, die Menschen in deiner Umgebung nicht zu verurteilen, zu verachten, zu beneiden oder zu hassen. Liebe sie und lasse zu, daß diese Liebe durch dich wie durch einen Kanal fließen kann. Demonstriere die schöpferische Energie des Mitgefühls durch die Art, wie du mit deinen Mitmenschen sprichst und wie du sie behandelst.
Nimm dir Zeit und Raum, diese Liebe zu üben. Erlaube deiner Sensibilität, sich so weit auszudehnen, daß du deine Mitmenschen fühlen kannst, als wären sie ein Teil von dir, eine Verlängerung deiner Persönlichkeit und deines Charakters.

In einem gewissen Sinne ist Heilung Liebe und Krankheit ein Mangel an Liebe. Doch es ist ein Mangel in der Seele, im Herzen, im Geist oder im Körper. Sie entbehren die Energie der Liebe, die endlos ist, die nähren, heilen und klären kann. Wir alle sind die Träger dieser Kraft und können sie auch weitergeben. Erkenne diese Wahrheit an, werde eins mit ihrer Kraft.

Schreite nun voran in Liebe und Licht und nimm diese kleine Weisheit mit: Mitgefühl ist keine Fähigkeit, die geschaffen werden, die aber kultiviert werden kann. Sie existiert in uns allen als kleine Perle, als kleines Samenkorn aus Licht.

SAINT GERMAIN

Das Ritual der Transformation

Über Transformation wurde schon viel gesprochen. Es scheint das Modewort auf jedermanns Lippen zu sein; jedermann scheint danach zu streben und sich dorthin zu bewegen, und jeder scheint sich damit zu beschäftigen. Für manche ist es eine Entschuldigung, für andere ein Traum, und für noch mehr Leute ist es ein Lebensstil. Sie gehen durch eine Serie fortdauernder Transformationen, die sie niemals zu dem Punkt bringt, nach dem sie verlangen, niemals zu dem Ergebnis, das sie erreichen wollen.
Für andere ist Transformation eine Kunstform, deren Bedeutung sie nicht verstehen. Für noch mehr Menschen ist Transformation etwas, das nicht wirklich existiert. Dies sind diejenigen, die in ihrem Alltagsleben gefangen sind und sich nicht von ihren Beschränkungen, ihrer Routine, ihren Mustern befreien können.

In Wirklichkeit ist Transformation die ultimative Befreiung. Transformation ist der Punkt, an dem ein Ding zu einem anderen wird. Ohne sie ist keine Evolution, keine Weiterentwicklung möglich.
Menschen erleben jeden Tag transformative Momente. Einige Transformationen an bestimmten Punkten des Lebens sind

wahre Meilensteine auf dem Weg, die nicht immer ganz verstanden werden.

Transformationen können durch Rituale und Zeremonien, bedeutsamer aber durch Wahrnehmung und Verständnis gefeiert, anerkannt und verstärkt werden. An jedem Geburtstag geschieht eine Transformation. Man geht von einem Lebensjahr zum nächsten, läßt sich auf alle Beschränkungen und Probleme der neuen Zeit ein und läßt die Wunder des vergangenen Jahres los. Man geht in die Freiheit des neuen Lebensjahres und wird älter, reifer und verantwortungsbewußter.

Jede Hochzeit, Trennung, Scheidung ist Transformation, ebenso die Geburt eines Kindes, der Tod eines Kindes, der Tod eines geliebten Menschen. Jeder Umzug, jeder Berufswechsel ist eine Transformation. Genauso alles Unerwartete im Leben, das Schwierigkeiten, Chaos oder auch Harmonie und Frieden verursacht. Transformation heißt auch, sich zu verlieben oder eine Liebe sterben zu sehen.

Das Leben ist voller Transformation, und tatsächlich ist sie neben der Liebe die einzige konstante Energie im Universum. Gott selbst ist eine Energie, die sich aufgrund der Erfahrungen ihrer Kinder, der Menschen, permanent transformiert. Die Menschheit kehrt langsam, aber sicher zur Quelle zurück und trägt alle Erfahrungen mit sich, die sie auf der Erde und in anderen Dimensionen und auf anderen Planeten gemacht hat.

Die Menschheit transformiert sich selbst ständig von einer Ebene des Verstehens auf die nächste. Auch die Erde geht durch Transformationen, genau wie alle Lebensformen, die sich von einer Spezies zur nächsten entwickeln.

Transformation kann genährt, gefördert und gefeiert werden. Manchmal braucht Transformation auch ein wenig Unterstützung und Hilfe. Wir alle kennen Situationen im Leben, in denen wir uns blockiert fühlen. Menschen, Fehlschläge, Situationen, Probleme oder negative Energien scheinen uns zu behindern. Doch mit ein wenig Hilfe vom Universum können wir sie in etwas Hilfreiches umwandeln. Dazu können wir die Kräfte der spirituellen Alchemie verwenden und so diese Blockaden zu Meilensteinen auf unserem Lebensweg machen.

Es gibt zwei Rituale, die mit den Kräften der Transformation zu tun haben. Sie können uns helfen, Transformation anzuerkennen und zu respektieren, aber sie können auch Transformation einleiten. Anfangs brauchen wir dazu Wahrnehmungsfähigkeit. Wahrnehmungsfähigkeit ist die Grundlage der Transformation. Sie ist der Anfangspunkt, an dem wir Transformation und deren Notwendigkeit anerkennen. Wahrnehmungsfähigkeit ist ein bestimmter Bewußtseinszustand, in dem man eine Notwendigkeit oder eine Tatsache erkennt.

Um Wahrnehmungsfähigkeit zu erlangen müssen wir unsere Augen öffnen – auch die inneren Augen -, um die Zeichen und Omen des Universums zu erkennen. Wir müssen unsere Ohren öffnen, um die Worte aus dem Mund von anderen und aus unserem eigenen Mund zu hören. Wir müssen auf den Wind hören, denn vielleicht flüstert er uns Worte zu; auf das Rauschen der Blätter eines Baumes; auf das Lied eines Vogels; auf das sanfte Murmeln eines Baches oder Flusses. Wir müssen unser Herz öffnen und alle Sinneseindrücke wahrnehmen, die von anderen Menschen oder von der Anima Mundi, der Seele der Welt, ausgehen.

In Zeiten der Verwirrung und des Chaos, in denen sich nichts zu bewegen scheint, müssen wir still, ruhig und friedvoll werden. Denn wenn wir zulassen, ungeduldig, aufgeregt und irritiert zu sein, können wir uns nicht auf unsere Umgebung einstimmen und in uns nicht die Blockade herausfinden, die uns lahmlegt.
Indem wir uns auf unsere Umgebung einstimmen, wird die Blockade, die uns im Weg steht, klar. Sie wird uns entweder als

Vision gezeigt oder symbolisch durch etwas, das wir sehen oder erfahren; oder wir wissen ganz einfach um die Blockade. Indem wir uns auf die Stille einstimmen, wird die Blockade deutlich werden. Dann können wir Wege beschreiten, sie zu transformieren.

Hier folgen zwei einfache, aber kraftvolle Rituale. Sie dürfen nur dann angewandt werden, wenn du tief in deinem Herzen fühlst, daß dies auch wirklich angebracht ist. Denn mit den Kräften, die diese Rituale herbeirufen, darf nicht leichtfertig umgegangen werden. Du mußt für alles die volle Verantwortung übernehmen; für alle deine Werke auf der Erde, seien es Werke des Herzens, des Geistes oder der Seele. Jede Energie, die du verwendest, um irgend etwas zu erreichen, selbst wenn es sich auf die energetische Ebene beschränkt, kehrt dreifach zu dir zurück.

Dies ist das uralte, universelle Gesetz. Und deshalb mußt du, bevor du Energie aufwendest, um eine Situation zu transformieren, sicher sein, daß es sich nicht um eine Situation handelt, an der du lernen mußt, sondern um eine, die du transzendieren sollst. Um dies herauszufinden, mußt du dein inneres Wissen, deine Intuition, deine Ehrlichkeit und Wahrhaftigkeit einsetzen.

Für das erste Ritual der Transformation benötigst du nur eine violette Kerze. Setze dich vor sie und zünde sie an. Werde ruhig und entspanne dich. Nimm dir einige Momente und mache es dir bequem. Meditiere mit dem Kerzenlicht und lasse deine Gedanken zu der Sache in deinem Leben wandern, die du feiern und anerkennen möchtest. Erforsche diese Sache mit der ganzen Kraft deiner Emotionen und deiner Konzentration. Wenn es sich um eine traurige Angelegenheit handelt, scheue dich nicht zu weinen. Wenn es eine freudige Angelegenheit ist, scheue dich nicht, zu lächeln oder zu lachen.

Sobald deine Gedanken, dein Herz und – am wichtigsten – deine Energie auf diese Situation konzentriert sind, nimm das

Symbol, das diese Situation für dich repräsentiert, und lege es vor die Kerze, so daß es von ihrem Licht beschienen wird. Wenn du zum Beispiel eine Verlobung oder eine Hochzeit feierst, dann nimm einen Ring, vielleicht kombiniert mit einem Foto der Person, mit der du dich verbindest. Wenn du den Tod eines geliebten Menschen anerkennen möchtest oder das Zerbrechen einer Beziehung, dann lege ebenfalls ein Foto oder einen Gegenstand, der energetisch mit dieser Person verbunden ist, in den Kerzenschein. Wenn du einen Geburtstag feiern möchtest, dann lege ein Foto von dir oder der betreffenden Person in den Kerzenschein. Wenn du eine bevorstehende Geburt feiern möchtest, dann lege etwas, das für das Ungeborene gekauft wurde, eine Ultraschallaufnahme des Fötus oder eine Namensliste in den Kerzenschein. Nimm dir einen Moment, um emotional auf diese Gegenstände zu reagieren. Halte sie, berühre sie.

Nun zeichne das Symbol, das mit meiner Energie verbunden ist. Es ist das Heptagramm: ein siebenzackiger Stern, der auf zwei Füßen steht. Zeichne es mit der rechten Handfläche in die Luft und stelle dir das Heptagramm vor, wie es, gezeichnet aus violettem Licht oder violettem Feuer, vor dir steht. Dies ist das Symbol, das dir meine Energie bringt und deinen Raum auf meinen Raum einstimmt. Rufe mich mit folgenden Worten:

Ich rufe die Gegenwart und die Kraft von Saint Germain, Herr und Meister der violetten Flamme, Herr der Transformation und spirituellen Alchemie. Mögen deine Gegenwart und meine Gegenwart hier in diesem Raum zusammenkommen, damit du mich bei diesem Ritual der Anerkennung schützt, führst und überwachst.

Sprich nun über die Situation, um die es dir geht. Sprich wie zu einem Freund und erkläre alles ganz genau. Versuche, soviel Emotion wie möglich in deine Schilderung zu legen. Wenn du über Menschen sprichst, dann beschreibe sie. Geht es um einen geliebten Menschen oder ein Neugeborenes, dann sprich über die positiven Seiten der Person. Laß deine Beschreibung fröhlich und leicht sein. Wenn du über jemanden sprichst, der verstorben ist, scheue dich nicht davor, traurig zu werden und zu weinen. Wenn du über dich selbst sprichst, sei positiv und stärkend. Traue dich ruhig, in der Beschreibung dir selbst etwas zu schmeicheln.

Gehe ganz deutlich auf den Punkt ein, der dich zu diesem Ritual veranlaßt hat. Drücke aus, daß es sich um eine Zeit der Transformation handelt und daß du um Führung bittest. Bitte darum, den Weg gezeigt zu bekommen. Bitte darum, daß dir alle positiven und negativen Seiten bewußtgemacht werden, die mit dieser Transformation auftauchen können, und bitte um die Weisheit, mit ihnen positiv und kreativ umgehen zu können. Dann sprich folgendes Gebet. Visualisiere dabei das Heptagramm und stelle dir vor, wie die violette Flamme dich und das Objekt umgibt.

Alles muß sich verändern. Dies ist das Gesetz des Universums. Nichts ist statisch, und alles bewegt sich ewig vorwärts. Selbst in der Stille gibt es immerwährende Bewegung, die manchmal weder gesehen noch gefühlt werden kann; selbst wenn sich mein Leben anfühlt, als würde es sich nirgendwohin bewegen, gibt es immer Fortschritt und Weiterentwicklung.
Ich erkenne diesen kraftvollen Moment der Transformation in meinem Leben an. Ich erkenne an, daß ich nie wieder derselbe/dieselbe sein werde, und während ich auf diesem Weg in mein neues Leben vorwärtsschreite, bitte ich um Führung, Gnade, Segen, Schutz, Liebe und Verständnis.
Ich erkenne und sehe diesen Moment. Erfülle mich mit deiner Führung, damit dieser Schritt ein positiver Schritt sein möge. Belohne meine Wahrnehmungen mit Verständnis. Durch die Gnade Gottes, der Quelle, des einen Lichts, aus dem alles Leben kommt; durch deine Gnade, Saint Germain, und durch die Kraft der violetten Flamme: Laß dies so sein.

Denke an Momente deiner Vergangenheit und sieh die gegenwärtige Situation, die die Vergangenheit verändert. Sieh, wie die violette Flamme die Gegenwart verbrennt und absorbiert, und laß die Zukunft entstehen, wo die Gegenwart einst war. Erlaube der violetten Flamme, dir das zu geben, was du am meisten brauchst: Stärke, Mut, Kraft, Schutz, Liebe, Führung. Öffne deinen Geist und dein Herz, damit du empfangen kannst, was du empfangen möchtest, und trete in diese Kraft und in diese Energie hinein.
Lasse die Kerze ganz abbrennen. Stelle sie an eine Stelle deines Zimmers, wo dein Blick ab und zu darauf fallen kann. Jedesmal, wenn du die Kerze anschaust, erinnere dich daran, daß sie sich im Abbrennen selbst und schließlich ihr Licht ins Nichts transformiert. Dies ist auch ein Symbol für die Transformation deines eigenen Lebens, denn du hast dich bewußt entschieden, in diese neue Lebensphase einzutreten.

Jetzt ist es wichtig, daß du eine äußere, physische Handlung für dich selbst ausführst, die eine symbolische Manifestation der Transformation darstellt. Du kannst ein Objekt herstellen oder kaufen, einen Brief schreiben, einen Telefonanruf tätigen oder eine Reise antreten – irgendeine konkrete physische Handlung, die die Transformation für dein Unterbewußtsein und deinen Verstand unterstreicht und stärkt.

Auch ist es wichtig, daß du verstehst, daß es nun kein Zurück mehr gibt. Sobald du die Transformation akzeptiert hast und mutig vorangeschritten bist, hast du keine Möglichkeit mehr, sie abzulehnen. Du mußt dich nun der Gnade der Flamme hingeben. Versuche, offen zu bleiben, und sei dir deiner Träume oder Visionen bewußt, die du in Meditationen oder Entspannungsphasen tagsüber hast, denn sie könnten dir zur Führung geschickt sein. Sei dir auch der Worte bewußt, die von anderen gesprochen werden. Vielleicht bekommst du in deinem Alltag Hinweise vom Universum. Bleibe offen und wachsam, und du wirst die Führung erhalten, die du für die Übergangszeit brauchst.

Das zweite Ritual ist etwas aufwendiger. Bereite deinen Ritualort so kunstvoll oder einfach vor, wie du möchtest. Stelle auch ein Metallgefäß auf eine hölzerne oder tönerne Unterlage, um den Untergrund vor Hitze zu schützen. Gehe sicher, daß du nicht gestört werden kannst. Salbe sieben violette Kerzen mit Lavendelöl, in geraden Strichen von oben nach unten. Stecke die Kerzen in ihre Halter und zünde sie an. Sitze vor ihnen, mach es dir bequem. Entspanne und zentriere dich.

Konzentriere dich für einen Moment auf die Angelegenheit, die du gerne transformiert hättest. Dies kann eine Situation sein, ein Hindernis, ein Mangel an irgend etwas, ein Überfluß an irgend etwas, das Verhalten einer Person oder eine bestimmte Einstellung, die vielleicht in deinem eigenen Bewußtsein oder Herzen vorhanden ist. Es kann sich um jede Situation handeln, die als Blockade auf deinem Wege liegt.

Nimm nun ein weißes Stück Papier und einen Stift und schreibe schnell die Blockade auf. Beschreibe nicht, wie du diese Blockade gerne transformiert hättest. Wenn du zu viele Details aufschreibst, wird sich die Energie des Universums ausgedehnt haben, bevor die Transformation abgeschlossen ist. Es ist wichtig, dem Universum freie Hand im Umgang mit der Transformation zu geben. Universelle Energie arbeitet wirtschaftlich, und das Universum wird den einfachsten und doch effektivsten Weg finden. Sobald du mit dem Aufschreiben fertig bist, schreibe unten auf das Blatt:

Keinem zum Schaden, für das Wohl aller und in Einklang mit dem göttlichen Willen erlaube bitte, daß dies transformiert und verändert wird und ich auf meinem Lebensweg voranschreiten kann.

Halte das Papier in den Händen und lies das, was du aufgeschrieben hast, den Kerzen vor. Wenn du damit fertig bist, zeichne über das Papier mit der rechten Hand mein Symbol, das Heptagramm (so, als würdest du mit der Handfläche zeichnen), und visualisiere das Heptagramm in violettem Feuer. Falte das Papier und lege es in das Metallgefäß, das du vorher schon bereitgestellt hast. Nun zünde das Papier an, und wenn es brennt, gib etwas Lavendelkraut in die Flammen und sprich folgende Anrufung:

Durch Feuer transformiert und durch Lavendel gereinigt folgt nun, ihr Worte, die ich geschrieben habe, dem Energiestrom meiner Gedanken und Gefühle und seid transformiert. Violette Flamme, befreie mich, und du, Saint Germain, Herr der spirituellen Alchemie und Transformation, unterstütze mich bei dieser Befreiung. Hilf mir beim Loslassen der Dinge, an denen ich bewußt oder unbewußt noch immer festhalte. Denn ich weiß, daß ich die Lektion, die mich dieses Hindernis lehren wollte, gelernt habe. Nun muß ich es nur noch mit meinem Herzen und meinen Gedanken transzendieren, um mich zur nächsten Erfahrungsebene meines Lebens bewegen zu können.
Verbrenne meine Blockaden, und während sie brennen, löse und transformiere die Fesseln, die noch zwischen mir und ihnen bestehen, damit sie als Segnungen, Zeichen, Führung und Unterstützung auf meinem Wege zu mir zurückkehren können.
Lasse zu, daß dies im Namen der Liebe und des Lichtes geschieht, im Namen des Friedens und der Harmonie, im Namen der Evolution der Seele, wenn dies in Einklang mit dem Willen des Universums steht, wenn es keinem schadet, sondern allen nützt. Erlaube, daß dies so aufgelöst wird. So sei es. Amen.

Laß das Papier nun ganz verbrennen, bis nur noch Asche zurückbleibt. Nimm dir noch ein paar Momente, schau in den Schein der Kerzen und stell dir vor, wie die Situation, die du transformiert haben möchtest, vom violetten Feuer weggebrannt wird.

Lasse die sieben Kerzen ganz abbrennen. Achte auf die Sicherheit. Stelle sie in Sichtweite, damit dein Bewußtsein und dein tiefes Unterbewußtsein immer wieder daran erinnert werden, daß die Transformation nun eingeleitet ist. Nimm die Asche des verbrannten Papieres und vergrabe sie in der Erde. So gehst du sicher, daß die Transformation auch auf einer physischen Ebene stattfinden kann.

Denke nicht darüber nach, wie die Transformation nun vonstatten gehen könnte. Du würdest damit bewußt oder unbewußt Forderungen an die Energie und Arbeitsweise des Universums stellen, und dies würde den Erfolg der Transformation behindern. Wenn du bemerkst, daß deine Gedanken in diese Richtung wandern, ziehe sie sofort zurück und verbiete dir selbst, gedanklich bei diesem Thema zu bleiben. Du würdest sonst die Energie des Rituals zurückholen. Statt dessen laß alles los und erlaube der Transformation, auf natürliche Weise in dein Leben zu treten.

Es ist wichtig, daß du das erste Ritual der Anerkennung der Transformation – falls irgend möglich – bei Vollmond durchführst. Das zweite Ritual sollte bei zunehmendem Mond durchgeführt werden. Wenn das zweite Ritual eher eine Verbannung von Energien sein soll, muß es bei abnehmendem Mond durchgeführt werden. Doch sollten Rituale niemals bei Neumond durchgeführt werden.

Rituale und Transformationen sind extrem kraftvoll, und es ist wichtig, Vorsicht walten zu lassen, bevor du ein Ritual ausführst. Stelle sicher, daß das Ritual nicht dem freien Willen von irgend jemandem schadet. Obwohl meine Gegenwart und die Kraft der violetten Flamme die Energie überwachen, ist doch auch ein Teil deiner persönlichen Energie am Ritual beteiligt. Falls du beabsichtigen solltest, den freien Willen eines Menschen zu stören, wirst du eine negative Rückkehr der Energie verursachen. Dies kann dein Leben sehr schwierig machen.
Daher ist es wichtig, daran zu denken, was ich vorher über die Wichtigkeit und die Kraft von Ritualen gesagt habe. Nimm sie weder auf die leichte Schulter, noch führe sie ohne Bedacht-

samkeit und Vorsorge aus. Die Kraft von Ritualen der Transformation wurde über die Jahrhunderte hinweg geprüft. Das Erleben der Transformation wird dich von ihrer Kraft überzeugen und dir das nötige Verständnis und die nötige Vorsicht geben.

Die Beschäftigung mit Ritualen und Transformation kann dir helfen, wieder in die Fülle deiner Kraft zurückzukehren und dein göttliches Erbe wieder in Anspruch zu nehmen, nämlich Mitschöpfer der eigenen Realität auf der Erde zu sein. Arbeite mit dem göttlichen Teil in dir und erkenne, daß du die Kraft hast, wieder und wieder deine Realität durch die Kraft der göttlichen Alchemie und der spirituellen Transformation zu erschaffen.

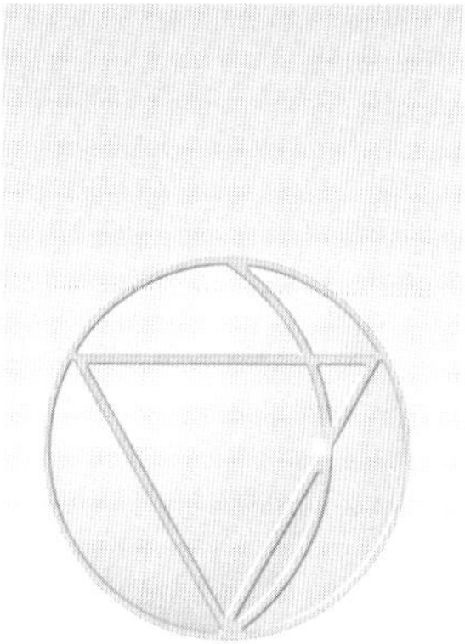

LADY NADA

Das Ritual der Freude

In der Welt, in der wir leben, wird die Bedeutung von Freude nur wenig verstanden. In Wahrheit ist Freude einer der primären Gründe, warum Gott die Menschen erschaffen hat. Freude ist keine komplizierte Emotion, sie ist einfach und kindlich. Freude erfordert keinen großen Aufwand – etwa durch den Besuch von Komödien oder Kabaretts, sie erfordert keine großartigen Geschenke oder überwältigenden Erlebnisse. Freude kann man in der Einfachheit einer Blume im Garten finden, im Wunder eines klaren Sommertages oder in der Liebe eines Kindes oder eines Freundes.

Freude kann am kraftvollsten sein, wenn sie in schlichten Dingen gefunden oder durch einfache Erlebnisse ausgelöst wird. Künstlich herbeigeführte Freude, etwa durch teure Festlichkeiten oder durch großartige Inszenierungen, mit denen man erfreuen und Eindruck machen möchte, ist oft schal, fruchtlos und zweidimensional. Sie stellt sich häufig als Verschwendung heraus, da sie nicht die Herzen berührt.

Wenn du vergessen hast, was Freude ist, wenn du fühlst, daß dein Leben so dunkel und trübe ist, daß du dich nicht einmal

mehr an den Geschmack von Freude erinnern kannst, dann solltest du dich an die Seite eines Kindes setzen und beobachten, wie es spielt. Jeder Moment im Leben eines Kindes trägt Freude in sich.
Es hat Freude an seinem Spielzeug, das es liebt, am Mittagessen, am Gras unter seinen nackten Füßen, am Wasser an einem heißen Sommertag, an einer Portion Eiscreme oder Schokolade; all die süßen Freuden des Lebens, die das Gesicht eines Kindes strahlen lassen und die die künstlichen Freuden weit übersteigen, mit denen wir unser Leben angefüllt haben. Durch die Augen der Kinder können wir die Wahrheit hinter dem Glücklichsein wiedererkennen. So können wir unsere Hände unschuldig ausstrecken und den Glanz des Daseins wieder berühren.

Viele Menschen empfinden die Erde als einen freudlosen Ort. Doch dies ist nicht so. Jeder Mensch, selbst wenn er dunkelste Stunden und äußerste Zwangslagen erlebt hat, hat auch Freude in seinem Leben gehabt. Kein Moment ist so dunkel, keine Erfahrung so elend, kein Übel so bedrückend, daß sie die Freude im Herzen eines Menschen auslöschen könnten. Denn solange er lebt – egal, was er erlebt, gesehen und verloren hat -, hat er immer etwas, worüber er sich freuen kann. Zum Beispiel das Leben selbst. Es läßt sein Herz schlagen und gibt ihm die Möglichkeit, seine Zukunft besser zu gestalten. Es läßt seine Wunden heilen und läßt ihn wieder von neuem beginnen.

Viele Menschen glauben, daß Freude Sünde und daß Entsagung die einzige Möglichkeit sei, einen spirituellen Weg zu gehen. Sie glauben, Freude und Glück würden sie nur vom Weg des Lichts ablenken. Die übertrieben ernste Natur jener Menschen, die auf diese Art zur Erleuchtung kommen möchten, tötet den göttlichen Funken, der in ihnen lebt, der aber die einzige Möglichkeit ist, den Weg zu finden. Jene aber, die immer ein wenig Kindlichkeit in sich tragen, ein wenig Unschuld, ein wenig Staunen, ein wenig Glücklichsein, jene werden den wahren Weg finden, der zum Verstehen führt. Sie werden durch das Tor zum Paradies geführt, zurück in den Garten Eden, in dem die Menschheit ihren Anfang nahm.

Glücklichsein, Freude, Lachen sind Kräfte des Lichts. Sie heben das Bewußtsein und erhöhen die Schwingung. Sie geben dir die Möglichkeit, dich wieder auf deinen göttlichen Anteil und damit auf Gott auszurichten. Denn Gott ist kein Wesen ohne Freude. Gott besteht aus Freude.

Wir sollten nicht so überernst werden und das Lächeln vergessen. Die höchsten Lehren und das beste Lernen geschehen in einer Atmosphäre der Freude und des Glücklichseins. Die tiefste Heilung geschieht, wenn der Patient wieder lernt, zu lächeln und die Liebe im Herzen zu fühlen. Keine Heilung und kein Erwachen kann im Schatten, ohne Licht geschehen. Denn Licht ist Liebe und Licht ist Lachen und Licht ist Freude.

Manche Leute glauben, daß sie sich durch ihre Lebenserfahrungen und die Fehler, die sie machten, das Recht verwirkt haben, Freude zu haben. Vielleicht haben sie auch vergessen, wie man Freude findet und wie man sie im Herzen wachsen lassen kann. Sie fühlen, daß alles, was in ihnen übrig ist, nur noch aus Trauer und Schmerz, Not und Elend besteht. Sie ziehen sich aus dem Leben zurück, verschwinden im Hintergrund, machen sich unsichtbar.

Doch solange du lebst, existiert in dir das Potential, die Kraft zu lachen und froh zu sein. Wenn du nicht mehr daran gewöhnt bist, darfst du nicht nur darauf warten, daß es in dein Leben zurückkehrt, du mußt es suchen! Denke an die Menschen, an die Orte und an die Situationen in deiner Vergangenheit, die dir Glück und Freude gebracht haben. Leite deine Schritte so, daß du diese Dinge wieder erfahren kannst. Laufe Schlittschuh, spiele auf einer Wiese Ball mit Kindern – gib dich ganz an diesen Moment hin -, schreibe im Sonnenschein Gedichte, mache ein Schläfchen neben einem murmelnden Bach, lache mit Freunden, mache Witze, erfahre die stürmischen, glucksenden und kichernden Seiten der Freude, die durch fast alles und fast jeden ausgelöst werden können, auch durch Dekadenz und Luxus und in Momenten, in denen du mit Freunden über die Welt lachst.

Freude ist der größte Alchemist und hat die Kraft, Dunkelheit in Licht zu verwandeln und blockierte Energie zu befreien. Menschen, die sich in Verzweiflung versenken, können sich auch in die Höhen der Freude schwingen. Ernste Angelegenheiten, die Katastrophen und Zerstörung bewirken können, können auch in Momente von Gelächter transformiert werden. Spannungen können losgelassen und Wunder erwirkt werden.
Freude ist eine Kraft, die Menschen befreit und miteinander verbindet. Sie ist keine Kraft, die ausschließt, isoliert oder Opfer schafft. Freude ist keine Form von Vergnügen, die auf Kosten anderer geht oder auf Vorurteilen basiert. Sie ist keine banale oder frivole Lächerlichkeit. Freude ist eine warme Energie, die verbindet, Hoffnung spendet und Menschen Leben gibt.

Finde heraus, was dich zum Lachen bringt. Suche dir ein Kind, das noch nicht zu alt ist, um von den Schatten der Skepsis berührt zu sein, und vom Leben enttäuscht ist. Suche dir Gesellschaft von Menschen, die noch in die Welt lächeln und ihre Schönheit sehen können – selbst in den Schattenseiten. Lasse zu, daß ihr Licht dein eigenes inneres Strahlen entzündet.

Hier folgt nun ein Ritual, das dir helfen wird, dich zu öffnen, und in deinem Leben einen Raum der Fülle schafft, in den die Freude zurückkehren kann. Es ist ein Ritual des Loslassens und der Akzeptanz. Es ist ein einfaches Ritual, mit dem wir das Wunder der Freude wieder in unser Leben einladen können.

Nimm ein Bad, in dessen Wasser du Rosmarin- und Rosengeraniumöl gegeben hast. Erlaube dem Wasser, die Unreinheiten auf allen Ebenen deines Seins wegzuwaschen. Laß dich im

Wasser schweben, laß dich von ihm tragen. Lasse alle Traurigkeit und Dunkelheit los. Lege für diesen Moment alle Sorgen, Ängste und Schmerzen beiseite. Trockne dich ab und betrete den heiligen Raum, den du vorbereitet hast. Auf deinem Altar oder deinem Tisch steht eine rosafarbene Kerze. Zünde sie an und zeichne mein Symbol in die Luft. Lehne dich zurück und komme zur Ruhe. Sprich nun folgendes Gebet. Es soll dich in den Zustand der Offenheit bringen, damit die Freude in dein Leben zurückkehren kann.

Lady Nada, Maria Magdalena, Lady von Shambhala und Aufgestiegene Meisterin der Freude und des Lachens, öffne meine Seele, damit ich die Traurigkeit loslassen kann, die ich in mir trage. Laß sie sich auf die Erde ergießen wie eine dunkle Opfergabe, damit sie von mir genommen und in Licht verwandelt wird. Fülle den neuen Raum in mir mit Glück und Staunen, mit allen Freuden des Lebens, die ich verdiene und brauche, und mit aller Liebe zum Leben, die ich essen und trinken kann.
Ich bin ein Kind Gottes, und Gott hat mich erschaffen, damit ich in Freude lebe. Mit meiner Traurigkeit diene ich dem Göttlichen nicht. Auch nicht, wenn ich im Schatten dessen bleibe, was mir zugedacht ist. Und so suche ich Hilfe und Unterstützung, damit ich aus dem Schatten ins Licht kommen und mein Leben so leben kann, wie es gedacht ist: freudvoll und festlich.
Erfülle mein Herz mit Liebe und Licht und versiegele sie fest in mir. Schicke deine Kräfte sanft auf die Erde und gib meinen Lippen den süßesten Kuß. Dies soll der Beginn meiner Reise zu Freude und Lachen sein.

Wenn du damit fertig bist, trinke von dem Glas Wasser oder Wein, das du dir eingeschenkt hast, und iß etwas von dem Brot, das bereitliegt. Stelle dir vor, daß sie die physischen Manifestationen der Freude sind, die du so in dich aufnimmst.

Nimm eine Blume aus der Vase, die neben der Kerze steht, pflücke die Blütenblätter und lege sie übereinander vor dich hin.

Nun sprich das Gebet ein zweites Mal. Nimm dabei die Blütenblätter und lasse sie sanft auf deinen Kopf und deinen Körper regnen. Atme ihren Duft ein und nimm ihr inneres Licht ganz in dein Wesen auf. Die Blütenblätter symbolisieren die bedingungslos gebende Energie Gottes, die wie ein Segen auf dich herabregnet.

Versuche dich nun an Situationen deines Lebens zu erinnern, die dir Freude gebracht haben. Gib dich ganz an deine Erinnerungen hin und laß dich von ihnen zum Lachen bringen. Bevor du das Ritual beendest, entscheide dich für drei Dinge, die du in den nächsten Tagen tun willst, damit sie dir Freude bringen. Dies könnte sein: eine Freundin oder einen Freund anzurufen, dir einen langgehegten Wunsch zu erfüllen oder etwas zu tun, was du schon lange einmal wieder tun wolltest. Entscheide dich für Dinge, die dir Freude machen. Nun schwöre dir selbst, daß du sie auch tun wirst. Beende das Ritual, indem du eine kleine Glocke dreimal läutest. Beim Klang des dritten Glockentons sprich:

Dreimal erklang die Glocke und hat von dem Leben erzählt, das vor mir liegt. Dies ist ein Leben voller Lachen und Liebe, voller Freude und Lächeln – genau, wie Gott es wollte. Dies ist mein Versprechen. Solange ich mir selbst helfe, wird mir auch das Universum helfen, das Glück zu finden, das ich verloren habe, damit es in mein Herz zurückkehren kann. Dies ist, was ich mir wünsche. Erlaube, daß dies so ist. Zum Wohl aller und zum Schaden von keinem. So sei es, Amen.

Lasse die Kerze ganz abbrennen. Erlaube ihrem Licht, dich in den Schlaf zu führen. Und wenn du am nächsten Morgen aufwachst, wisse, daß dies der erste Tag eines freudvollen Lebens ist, über das Gott mit seinem liebenden Auge wacht.

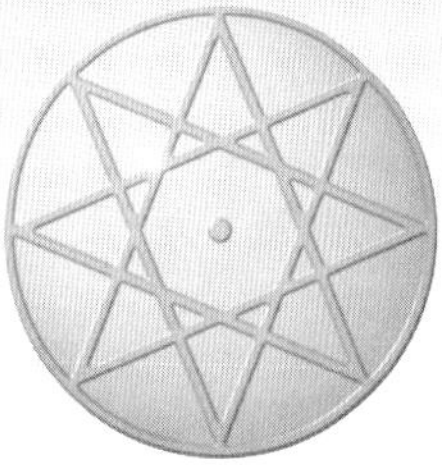

DJWAL KHUL

Das Ritual der Gelassenheit

In diesen Zeiten des Chaos und der Verwirrung ist Gelassenheit* ein großes Geschenk, ein kostbarer Schatz. Gelassenheit ist ein Geisteszustand, von dem viele Menschen keine Vorstellung haben.

Menschen, die auf dem Wasser geboren wurden und sich an den Rhythmus der Wellen gewöhnt haben, wird es durchaus übel, wenn sie plötzlich auf festem Boden stehen. Und so ähnlich geht es Menschen, die in den Sturm der Welt geboren wurden und sich dermaßen an Dunkelheit und Verwirrung gewöhnt haben, daß sie Gelassenheit und Frieden kaum aushalten und keinen Trost in ihnen finden können.

Wir sind in eine Welt hineingeboren, die von Destruktivität, Verwirrung, Streß, Spannung und Schmerz gebeutelt ist. Wir leben ein Leben, das uns weder Gelassenheit noch Frieden bietet und uns keine Möglichkeit zeigt, sie für uns zu finden.

---

* *Der Begriff im englischen Original lautet* serenity, *der sich nicht eindeutig übersetzen läßt.* Serenity *kann bedeuten: Ruhe, Heiterkeit, heitere Ruhe, innerer Frieden, Gelassenheit. Der geneigte Leser möge dies im Bewußtsein halten, wenn er den hier durchgängig verwendeten Begriff* Gelassenheit *vorfindet. (Anm. des Übers.)*

Doch es ist genauso wichtig für uns, Gelassenheit zu bewahren, wenn das Leben an unsere Tür pocht und uns auf eine harte Probe stellt, wie auch unseren Kindern den Wert von Gelassenheit, Stille und Frieden zu vermitteln. So mögen sie uns als Wegweiser haben, die sie in die Gelassenheit führen können.

Gelassenheit ist nicht nur ein Geisteszustand, sondern auch ein Herzenszustand. Gelassenheit ist eine Lebenshaltung und ein Verhaltensmuster, die sich durch die direkte Kommunikation mit dem Göttlichen erreichen lassen.
Wenn du mit deinem Höheren Selbst in Einklang stehst und durch dieses mit Gott, dann findest du in deiner Mitte diese Stille und diesen Frieden, der Gott ist, der du bist. Es ist Gottes Wille, daß wir diese innere Ruhe auf unserem Lebensweg finden und uns kein Mensch und keine Situation aus unserer Mitte bringen können. Denn in jenen so seltenen Momenten der Erleuchtung wissen wir, daß das Universum vollkommen ist; daß alles, was um uns herum ist – und sei es noch so gewalttätig und elend – genau so sein muß, genau so verfügt ist und im Einklang mit dem Willen der göttlichen Quelle geschieht.

Gelassenheit bedeutet, sich selbst in einen Teil des eigenen Selbst zurückzuziehen und dort die Verbindung mit unseren höheren Fähigkeiten aufzunehmen. Wir können so jeglichen Streß und jede Prüfung unserer weltlichen Realität loslassen und unsere Sorgen und Probleme Gott übergeben.
So können wir uns ganz in die Gnade hineingeben und zulassen, daß das Göttliche uns nährt und uns mit der nötigen Führung, Weisheit und Kraft versorgt, damit wir durch die verschiedenen Einweihungen und Transformationszyklen des Lebens gehen können.

Gelassenheit heißt für jeden Menschen etwas anderes. Doch alle Facetten sind durch einen roten Faden miteinander verbunden. Und der heißt Inspiration. Einige Menschen können Gelas-

senheit und Ausrichtung auf Gott durch Meditation erreichen. Andere vielleicht durch Musikhören, wieder andere durch Gartenarbeit, Spazierengehen, Schwimmen oder Musikmachen.
Es können viele Wege benutzt werden, um Gelassenheit zu erreichen, und jeder, der diesen Weg der Ruhe geht, ist ein individueller Aspekt des ursprünglichen göttlichen Lichtes. Deshalb ist es wichtig, andere Menschen nicht aufgrund ihrer Wahrnehmung von Gelassenheit, Stille und Frieden zu beurteilen. Wir sollten für jeden der vielen Wege, wie man diese göttliche Eigenschaft erreichen kann, dankbar sein.

Das Ritual, das ich hier gebe, ähnelt den vorangegangenen Ritualen überhaupt nicht. Es kann den individuellen Bedürfnissen eines jeden, dem eigenen Weg in Richtung Gelassenheit und Stille, angepaßt werden.

Bevor ich jedoch das Ritual diktiere, möchte ich noch etwas über die Wichtigkeit von Gelassenheit sagen, und zwar in Beziehung zu unserer Umgebung und den Menschen, die unser Leben umkreisen.

Gelassenheit ist ein kostbarer und wichtiger innerer Zustand. Gelassenheit verhilft uns zur Einstimmung und Begegnung mit dem Göttlichen, schenkt uns Frieden, Stille und Harmonie, leert unseren Verstand, damit unsere Gedankenprozesse klarer werden, befreit unser Herz von unnötiger emotionaler Last und ermöglicht, daß wir die bedingungslos liebende göttliche Energie der Quelle im Inneren empfangen und nach außen abstrahlen können. Gelassenheit bringt nicht nur uns selbst Nutzen, sondern auch den Menschen um uns und dem sozialen Umfeld, in dem wir unsere Zeit verbringen. Man kann sich Gelassenheit als fast greifbare Kraft vorstellen, ähnlich dem Duft einer Blume. Wenn wir selbst Gelassenheit gefunden haben, strahlen wir sie auch aus. Und diese Energie kann bewußt oder unbewußt von den Menschen in unserem Umfeld wahrgenommen werden.

Wenn man einen Raum betritt, der voller Blumen ist, kann man sofort ihren Duft wahrnehmen, der Seele und Geist durch seine Schönheit und sein Wunder erhebt. Das gleiche kann man von der Schwingung sagen, die von den Menschen ausgeht, die Gelassenheit in sich gefunden haben.

Diese Schwingung kann im Energiefeld jener Menschen gespürt werden, und sie kann jeden Menschen inspirieren, der für sie offen ist. Gelassenheit ist ansteckend, und diese gutartige »Infektion« kann die Welt zu einem klareren und positiveren Ort werden lassen.

Gelassenheit beeinflußt unsere Umgebung, indem sie sich auf den Gegenständen, den Möbeln und Textilien, auf allen Dingen aus Glas, Metall oder Stein niederläßt und sie mit Frieden erfüllt. Dieses Feld von Gelassenheit wird noch als unsichtbare Spur vorhanden bleiben, wenn wir diesen Ort schon lange verlassen haben. Die Menschen, die diesen Ort nach uns betreten, werden dies spüren, indem sie ruhiger und stiller werden.

Eine Gruppe von Menschen, die Gelassenheit gefunden haben, kann das Gesamtfeld der Gelassenheit, das sie ausstrahlt, auf Individuen, Orte oder Situationen fokussieren, die Gelassenheit brauchen. Dies kann wütende, ängstliche oder eifersüchtige Menschen beruhigen und eine randalierende Menge in eine friedliche Versammlung verwandeln. Sie kann Gelassenheit an Orte schicken, in denen Krieg tobt oder wo die Menschen Erholung brauchen, wie zum Beispiel Krankenhäuser oder Sanatorien.

Wenn du mit Hilfe dieses Rituals das kostbare Geschenk der Gelassenheit in dir selbst finden kannst, dann gib es auch weiter. Unterweise andere Menschen darin. Vereint die Kräfte eurer Gedanken und Herzen und sendet sie jenen, die in Not sind.

Um dieses Ritual auszuführen, mußt du dich an einen Ort begeben, der dich inspiriert und dir das Gefühl von Gelassenheit und

Frieden gibt. Dies kann dein Wohnzimmer sein, dein Garten, ein Park in der Nähe, kurz, jeder Ort, der dir Freude und Glück vermittelt. Gehe dort der Beschäftigung nach, die dir Frieden vermittelt. Lege dich auf dein Bett, pflege deinen Garten, backe einen Kuchen oder gehe spazieren. Es bleibt völlig dir überlassen. Wichtig ist nur, daß du voll in der Tätigkeit aufgehst, die dir Frieden und Freude bringt.
Gib dich deiner Tätigkeit völlig hin. Schwelge geradezu in der sinnlichen Erfahrung dessen, was du gerade tust. Dies wird dir Stille, Gelassenheit und Freude bringen, und du kannst den kleinen ruhigen Ort des Friedens in dir finden.
Vielleicht hast du das Bedürfnis, zu singen oder zu summen oder beruhigend mit dir selbst zu sprechen. Dann tue dies und schäme dich nicht vor den Leuten, die dich vielleicht hören können.
Wenn du diesen Zustand des Friedens erreicht hast, dann zünde eine weiße Kerze an. Zeichne mein Symbol in den Raum und konzentriere dich auf dein Herzzentrum. Sei dir der Gefühle in deinem Herzen völlig bewußt. Vielleicht spürst du eine Emotion, vielleicht ein mentales Verstehen oder eine andere körperliche Empfindung. Bringe deine Aufmerksamkeit ganz ins Herz. Nun schließe deine Augen und erlaube deinem Bewußtsein, ins Herz zu reisen.

Manche Menschen glauben, daß ihr Bewußtsein zwischen den Augenbrauen im dritten Auge sitzt. Wenn auch du dies glaubst, dann stelle dir dein Bewußtsein als kleine weiße Lichtkugel vor, die sich langsam durch den Kopf nach unten bewegt, durch den Hals in den Brustkorb und schließlich ins Herz.
Fühle, wie du als lebendige Lichtkugel in dein eigenes Herz reist, das in einem grünen und rosafarbenen Licht erstrahlt und glänzt. Gehe jetzt noch tiefer ins Herz hinein, direkt ins Zentrum. Und wenn du das Tor des Friedens in deinem Herzen durchschreitest, stelle dir vor, daß das Zentrum des Herzens eine strahlend weiße Perle aus Licht ist. Gehe in diese Perle hinein, spüre ihre Helligkeit, ihre Ausstrahlung, die deinen ganzen Körper und dein ganzes Sein vollständig ausfüllt.

Nun lasse zu, daß die Perle dein Bewußtsein wie eine Rakete nach oben herausschießen läßt. Aus dem Herzzentrum, durch den Brustkorb, den Hals, vorbei an Mund, Nase, Augenbrauen, hoch in den Kopf und durch das Kronenzentrum aus deinem Körper hinaus, weit in die Luft über dir.

Lasse zu, wie eine Rakete aus deinem physischen Körper hoch und höher in die Luft zu steigen. Nach einer kurzen Zeit kommst du zu einem weißen Raum. Dieser Raum besteht aus einem brillanten und strahlenden weißen Licht, das alles zu verzehren scheint.

Dies ist dein Gottes-Selbst, dein göttliches Wesen, dein Höheres Selbst. Dies ist der Teil von dir, der in anderen dimensionalen Realitäten weilt, zu denen du nach deinem physischen Tod zurückkehren wirst. Dies ist der Teil von dir, der immer mit Gott verbunden ist.
Entspanne dich und gib dich dieser Weiße ganz hin. Lasse zu, daß sie zu dir spricht, dir Bilder zeigt oder dich einfach mit Kraft und Stärke versorgt. Gib dich allem hin, was du hier erleben kannst, doch konzentriere dich immer auf den Frieden und die Gelassenheit dieses Ortes. Vielleicht sieht dieser Ort aus wie ein Ort, an dem du schon einmal gewesen bist oder von dem du gehört hast. Genieße einfach deine Anwesenheit.

Du wirst dich vielleicht innerlich gedrängt fühlen, dem Licht Fragen zu stellen. Das Licht wird diese Fragen auch beantworten, entweder durch Gedankenformen oder durch Bilder. Dies würde eine gesunde Verbindung und Kommunikationsfähigkeit mit dem Höheren oder Göttlichen Selbst anzeigen. Vielleicht möchtest du etwas in dem weißen Licht verweilen und dich von seiner Strahlkraft aufladen lassen.

Nach einer gewissen Zeit wird dein Bewußtsein zurückkehren wollen. Es fließt durch den Lichtschacht über deinem Kronenzentrum hinunter, durch den Kopf, an Augen, Nase und Mund

vorbei, durch den Hals in den Brustkorb und dann ins Herz. Sei dir noch einmal des Zentrums deines Herzens bewußt, sieh es als strahlend weiße Perle, die von zartrosafarbenem und zartgrünem Licht umgeben ist.
Komme nun mit deinem Bewußtsein zurück an die Stelle zwischen den Augenbrauen und bringe die Gelassenheit, den Frieden, die Kraft und Stärke, die Erleuchtung und das Wissen deines Höheren Selbst mit in dein Tagbewußtsein.

Bevor du diese Visualisation beginnst, ist es natürlich wichtig, sicherzustellen, daß du nicht gestört werden kannst. Wenn du eine Tätigkeit ausführst, die dein handwerkliches Geschick erfordert, solltest du dabei sitzen. Und wenn du im Freien bist, solltest du sicherstellen, daß du warm genug angezogen bist.
Falls du während der Visualisation ein Unbehagen spüren solltest, dann öffne einfach die Augen und ziehe dein Bewußtsein von deinem Höheren Selbst ins Tagbewußtsein zurück. Zentriere dich wieder in deinem physischen Körper. Es kann dir dabei überhaupt nichts passieren.

Diese Visualisationstechnik ist eine einfache Methode, den Prozeß bereits entdeckter Gelassenheit zu verstärken und zu betonen, ja, ihn zu einer hohen Kunst werden zu lassen. So können wir uns von der Gelassenheit nähren und stärken lassen, durch sie klare Information, Führung und Wahrheit empfangen – ungetrübt von allen sozialen Konditionierungen und unterbewußten Spannungen, die von unserer normalen Alltagswelt ausgehen.

Der Prozeß der Entdeckung von Gelassenheit ist äußerst wichtig, und in Wahrheit ist er nur der Anfang, der erste Schritt in eine neue Dimension des Friedens und der Schönheit. Denke daran, daß Gelassenheit immer auf Inspiration und dem Erspüren von Inspiration beruht und zur Entdeckung Gottes führt.
So schreite nun voran und finde deinen Frieden. Behalte die Liebe im Herzen und die Wahrheit im Geiste und umarme das Licht des neuen Morgens.

WOTTANA

Das Ritual der Erde

Die Menschheit hat einige Zeit gebraucht, um glauben zu können, daß die Erde ein lebendiges Wesen ist und eine Seele besitzt. Viele Kulturen und Zivilisationen in alten Zeiten haben diese einzigartige Wahrheit gekannt. Doch der moderne Mensch hat dies erst vor kurzem nach einer langen Periode des Vergessens wiederentdeckt.

Die Erde ist die Mutter, die uns – die Menschheit – nährt. Sie will nur unser Wachstum. Die Erde gibt alles, was wir brauchen, um zu leben und um diese Realität hier erfahren zu können: die Luft zum Atmen, Nahrung zum Essen, Wasser zum Trinken, Land, um darauf zu leben.
Die Erde hat wirklich alle Eigenschaften einer Mutter. Sie gibt Liebe, Nahrung und Fürsorge. Sie gibt Heilung, wenn wir krank sind, gibt Materialien, die uns vor den Elementen schützen, gibt Kraft und Belehrung.

Während der Zeit des Vergessens begann die Menschheit damit, die Rohstoffe der Erde auszubeuten. Dies hat große Zerstörung gebracht. Die Menschen haben die Gegenwart und die Seele der Erde nicht mehr geehrt. Sie haben nicht mehr im Einklang mit ihren Rhythmen und Lebenszyklen gearbeitet, sondern die Schätze, die sie zur Verfügung stellte, ausgebeutet, verändert und verzerrt, und zwar in einem Maße, wie es zuvor noch nie geschehen ist. Sie bemühten sich, die Kontrolle über die Erde zu erlangen und aus ihr etwas zu machen, was nie geplant war.

Die Menschheit hat die Erde in einem dramatischen Ausmaß ruiniert und sich damit selbst an den Rand des Abgrunds gebracht. Sie hat die Atmosphäre – die schützende Haut der Erde – lädiert und Pflanzen und Tiere ausgelöscht, die nie wieder auf der Erde leben werden.
Die Verschmutzung der Erde geht immer weiter, und das ökologische Gleichgewicht wird ernsthaft gestört – ein Tanz mit dem Teufel auf der Schwelle zur atomaren Vernichtung.

Doch die Erde ist mehr als fruchtbarer Boden und Pflanzen. Sie ist mehr als chemische Stoffe und Nährstoffe. Sie hat eine Seele, ein Bewußtsein, Lebenskraft, die in jedem Grashalm, in jedem Blütenblatt, in jedem Feld, Stein, Wassertropfen gegenwärtig sind. Es ist eine Lebenskraft, die den Planeten mit einer unsichtbaren aurischen Energie durchdringt.
Der Mensch kann mit dem Bewußtsein der Mutter Kontakt aufnehmen, um wieder in Harmonie mit ihrer Resonanz und weiblichen Energie zu leben. Dadurch kann er wieder lernen, die Erde, und die Verbindung der Menschheit zur Erde, zu heilen.

Die Erde ist nicht empfindlich. Sie ist keine Papierlaterne, die immer kurz vor der Zerstörung steht. Sie besitzt große Regenerationskräfte, durch die sie sich mit der Zeit wieder selbst heilen kann.
Sollte sich die Menschheit irgendwann durch einen nuklearen Holocaust selbst zerstören und die Erde danach zur Wüste werden, würden sich ihre Energien von alleine wiederherstellen und so lange in einem Schlafzustand bleiben, bis sie all ihre inneren Kräfte wieder gesammelt hat und erneut wachsen kann.

Die Erde braucht weder unsere Heilenergie noch verlangt sie danach. Die Erde kann sich selbst transformieren. Sie hat sogar die Kraft, sich von unserer Anwesenheit zu befreien, wenn sie das möchte.
Doch sie hat auch Vertrauen in die Menschheit und ihre Seelen, und sie wartet genau wie eine Mutter, die ihre Kinder beim Erwachsenwerden beobachtet und hofft, daß sie nicht ihr Herz brechen werden.
Die Erde wird warten und sehen, wohin sich die Menschheit entwickelt. Und wenn sich die Menschheit in ihrem Wachstumsprozeß selbst zerstört, wird die Erde sich selbst regenerieren und auf neue Kinder warten.

Doch wenn es der Menschheit gelänge, sich wieder an das Bewußtsein des Planeten zu erinnern, dann könnte die Mutter wachsen und gedeihen. Sie würde die Menschheit umarmen und ihr alle Geheimnisse, alles Wissen, alle Kräfte zurückgeben, die sie einst mit jeder Frau und jedem Mann auf der Erde geteilt hat. Und dann – aber nur dann – wird das Paradies wieder zurückkehren, und Harmonie und Liebe wird überall erstrahlen.

Die Erde ist mehr als fruchtbarer Boden, Pflanzen und Bewußtsein. Sie ist Energie, die durch unsichtbare Adern fließt, die den Planeten überziehen. Diese Linien heißen Leys und bilden reinigende Energiestrudel und sich drehende Erdchakras, die brennen und strahlen.
Die Erde ist ein lebendiges Wesen, das unsere eigene Form, unseren eigenen Körper widerspiegelt. Sie ist ein Quell unendlicher Kraft, unendlichen Verständnisses und unendlicher Liebe.
Sie ist eine Energie, mit der man sich verbinden kann, um Realität zu manifestieren, um die Bitterkeit des Lebens, das wir uns selbst erschaffen haben, zu harmonisieren, um das Wetter zur Ruhe und die Jahreszeiten wieder ins Lot zu bringen, um öde Bereiche der Schöpfung wiederzubeleben, um wieder Frieden, Schönheit, Liebe, Gesundheit und Harmonie zu erzeugen.

Sobald wir uns mit der Erde verbunden haben, können wir uns auf alle Lebensformen einstimmen und erhalten dann zum Beispiel Einsichten über den Gebrauch von Heilkräutern, über das Anlegen von biologischen Gärten, die dann voller Freude Früchte und Gemüse hervorbringen werden. Diese Früchte und Gemüse werden universelle Lebenskraft und große Heileigenschaften in sich tragen, die wiederum unser Bewußtsein erweitern und uns mit den Elementarwesen des Planeten verbinden.
Harmonie wird entstehen, und die Erde wird ihre Kinder, die sie liebt, schützen und nähren. Die Erde wird als lebendige Verlängerung des persönlichen Bewußtseins, als äußere Reflektion und Echo des inneren Mikrokosmos gesehen und verstanden werden können. Die Erde wird zur allgegenwärtigen Mutter werden, die sie schon seit Anbeginn der Zeit war.

Dieses Ritual ist ein Ritual der Einstimmung und der Zusammenkunft. Obgleich du es auch in deiner Wohnung ausführen kannst, ist es doch wesentlich kraftvoller, es in der Einsamkeit eines Waldes, auf einem Feld oder an einem Bach auszuführen.
Laufe barfuß über das Land und finde den passende Ort für das Ritual. Atme die Luft ein und trinke die Sonne. Berühre die Bäume und fühle die Kraft, die durch ihre Stämme und Äste fließt. Umarme sie und öffne dabei dein Herzzentrum. Öffne dein Bewußtsein für Bilder, Gefühle und Eindrücke, die dir die Bäume ins Bewußtsein projizieren. Sie schicken dir so Führung und Liebe.

Betrete nur die Bereiche in der Natur, in die du dich eingeladen fühlst, und bleibe den Orten fern, an denen du Ablehnung oder Widerstand spürst. Wie wir alle besitzt auch die Erde eine Intimsphäre und verlangt, daß wir diese respektieren. Doch sie wird dich an die Orte führen, die für deine Arbeit am geeignetsten sind.

Rieche die Blumen, sieh die Schönheit des Grases. Wenn du deinen Platz gefunden hast, lege dich hin. Zeichne mein Symbol

über dich in die Luft und spreize dann Arme und Beine, so daß du ein Pentagramm bildest. Der fünfzackige Stern repräsentiert die Kraft der Erde.
Schau in den Himmel und laß deine weltlichen Gedanken, deine Sorgen und Unzufriedenheit in das weite Blau des Himmels fließen. Lasse mit jedem Ausatmen deinen Schmerz, deine Not, deine Verwirrung, deinen Pessimismus und deine Negativität los. Lasse zu, daß dich die Erde mit ihren unsichtbaren Armen und ihrer Zärtlichkeit umschließt.

Fühle, wie du mit der Erde verbunden bist, wie sie dich durch die natürliche und doch geheimnisvolle Gravitation an sich zieht. Fühle, wie sie dich in ihr Bewußtsein zieht. Fühle, wie Wurzeln aus deinen Fußsohlen und Handflächen tief in die dunkle Erde wachsen und Energieströme dich wie mit unsichtbaren Nabelschnüren mit ihrem tiefsten Bewußtsein, dem tiefsten Strom des planetaren Lichtes, verbinden.
Lasse zu, daß dein Atem, dein Rhythmus und dein Herzschlag langsamer werden, und versuche, den Klang des Herzschlags der Erde zu hören. Stimme deinen Atem, deinen Rhythmus darauf ab.

Schließe deine Augen und entspanne dich. Lasse zu, daß die Göttin deinen Geist mit ihrer Weisheit füllt. Laß deinen Rhythmus mit ihrem Rhythmus fließen, so wie es früher war. Höre mit deinen Ohren und mit deinem Herz. Lasse zu, daß der offene Raum deines Geistes mit Verständnis und Kraft erfüllt wird.

Verschmelze ganz mit der Quelle deines physischen Ursprungs. Gehe ganz in die Dunkelheit der Gebärmutter der Erde und verbinde dich wieder mit der Quelle physischen Lebens. Ruhe hier, eingestimmt auf die Kräfte der Natur.

Wenn es Zeit ist, dich zu verabschieden, sammle dich und lasse an diesem Ort der Zusammenkunft mit dem Bewußtsein der Erde ein kleines Dankopfer zurück. Die traditionellen Gaben sind einige Maiskörner oder etwas Tabak. Lasse auch etwas von dir selbst zurück. Zum Beispiel einen Fingernagel, etwas Haar, ein paar Tropfen deines Blutes, dein Foto oder einen kleinen Gegenstand, der einen persönlichen Wert für dich hat. Grabe ein kleines Loch in die Erde, lege deine Opfergaben hinein und schließe das Loch wieder. Trete nun zurück und sprich folgende Worte:

Große Mutter Erde, Göttin, göttliche Schöpferin, Mutter des Lebens. Ich lasse diese Opfergabe und dieses Stück meiner selbst als Zeichen meiner Dankbarkeit und als Versprechen zurück. Laß uns immer miteinander verbunden sein, damit unsere Zusammenkunft fortdauern möge, so wie es von Anbeginn gedacht war und immer sein sollte.
Möge dein Bewußtsein mit meinem Bewußtsein verbunden sein und möge ich immer durch die Erfahrung deiner Kraft und deiner Liebe wachsen und lernen. Möge ich wachsen, wie du wächst, heilen, wie du heilst, wissen, wie du weißt.
Möge ich dein Bewußtsein in meinem Geist haben, wo immer ich auch bin. Mögen wir beide eins werden.

Kehre nun langsam in dein Leben zurück. Halte auf dem Weg Ausschau nach Zeichen und Omen. Sieh die Zeichen, die dir die Erde geben wird, sieh die Führung der Göttin.

Wenn du dieses Ritual in deiner Wohnung ausführst, lasse die Opfergabe in deinem Garten zurück. Wenn du dich auf den Boden deiner Wohnung legst, kannst du ebenfalls mit der spirituellen Essenz der Erde zusammenkommen. Doch der unmittelbare Kontakt zur Natur selbst wird fehlen. Deswegen ist es besser, dieses Ritual inmitten der Elemente durchzuführen.

Gib dir von nun an Mühe, die Kraft der Erde besser zu erkennen. Liebe und ehre sie und halte dich an ihre Gesetze. Merke dir, daß das Wissen der Erde in deinem Geist und deinem Herzen lebt. Öffne dich dem Bewußtsein, das der Planet dir geben kann.

Fragen und Antworten:

Warum soll ich zu Aufgestiegenen Meistern oder Engeln beten und nicht zu Gott selbst? Warum soll irgend jemand zwischen mir und Gott stehen?
Aufgestiegene Meister sind unsere Geschwister im Licht, die vorausgewandert sind. Einst waren sie menschliche Wesen wie wir und wurden durch Überwindung der irdischen Beschränkungen zu perfekten Wesen. Sie sind sich ihrer eigenen Göttlichkeit und Nähe zu Gott voll bewußt. Als Vermittler zum Göttlichen haben sie die Möglichkeit, höhere Kräfte im Einklang mit Gottes Willen anzuwenden, um uns besser helfen zu können. Die Meister und Engel stellen keine Alternative zu Gott dar. Man kann sie aber wie eine Leiter ansehen, durch die unsere Gefühle und Bedürfnisse Gott klarer übermittelt werden.

Wollen die Meister verehrt werden?
Die Meister sind keine Wesen, die angebetet werden wollen. Sie sind Freunde, Lehrer, Führer, mit denen man arbeiten kann. Sie sind unsere spirituellen Vorfahren, die die irdischen Beschränkungen bereits überwunden haben und nun zurückblicken, um uns zu helfen.

Wie zeichne ich die Symbole korrekt?
Mit der Handfläche (dem Handchakra), mit einem Stab oder Kristall oder mit Zeige- und Mittelfinger, die wie zur Segnung ausgestreckt sind. Sonst gibt es keine Regeln zum Zeichnen der Symbole. Sie können groß oder klein sein, und die einzelnen Linien können in beliebiger Reihenfolge gezeichnet werden. Um voll aktiviert zu sein, sollten sie jedoch in ihren Farben visualisiert werden. Als Hilfe gibt es die Symbolkarten, die auf den Altar gestellt werden können.

Was kann ich sonst noch mit den Symbolen tun?
Mit Hilfe der Symbole kann man sich leicht mit dem Bewußtsein

und der Weisheit eines bestimmten Meisters in Verbindung setzen und ihn um Segen, Schutz, Führung und Heilung bitten. Die Symbole können auch auf Briefpapier, Visitenkarten oder als Schmuck (nur zum privaten Gebrauch) verwendet werden. Die Symbole sind urheberrechtlich geschützt, doch privater Gebrauch ist gestattet und von den Meistern sogar erwünscht.

Haben die Mondphasen einen Einfluß auf die Rituale?
Ja, die Rituale sollten, falls irgend möglich, während den folgenden Mondphasen ausgeführt werden:
Zunehmender Mond: Neuanfänge, Geburten, Neuschöpfungen
Vollmond: Manifestationen, hellsichtige Kräfte
Abnehmender Mond: Verbannungen, Loslassen, Verbindungen auflösen
Neumond: kein Ritual ausführen!

Wie bereite ich mich auf ein Ritual vor?
Sei bei der Gestaltung deines Ritualortes so kreativ und aufwendig, oder so einfach und schlicht, wie du sein willst. Stelle sicher, daß du alle Gegenstände, die du für das Ritual benötigst, beisammen hast. Nimm dir ein paar Momente und gehe nochmal alles durch. Hast du den Schutzkreis gemacht (siehe Einführung von Saint Germain)? Hast du sichergestellt, daß du nicht gestört werden kannst? Hast du nach dem Ritual genügend Zeit, um dich auszuruhen und die Energien zu spüren? Einige Rituale verlangen, daß du etwas herstellst oder etwas einkaufen gehst. Stelle sicher, daß du diese Dinge nicht in Eile erledigen mußt und die innere Ruhe nicht verlierst, die du durch das Ritual erhalten hast.

Wie lange wird es dauern, bis ein Ritual den gewünschten Erfolg bringt?
Dies hängt von der Mühe und der Energie ab, die du in das Ritual gesteckt hast, doch gewöhnlich dauert es ungefähr einen Monat. Der Erfolg wird sich aber nur dann einstellen, wenn dein Wunsch im Einklang mit dem göttlichen Willen steht.

Ist es gefährlich, ein Ritual auszuführen?
Die Rituale werden von den Aufgestiegenen Meistern überwacht. Trotzdem ist es so, daß einer Handlung oder einem Gedanken Energie folgt. Über einen eventuellen negativen Effekt eines Rituals entscheidet einzig und alleine die Absicht, mit der du ein Ritual ausführst. Wenn du absichtlich negative Energie aussendest, wird negative Energie zu dir zurückkehren. Da hilft auch kein Schutz. Beachte hierzu bitte Meister Saint Germains Anmerkungen auf Seite 88 und 94f.

Kann ich einen Fehler machen, der meine geistige oder körperliche Gesundheit gefährdet?
Wenn deine Absicht rein ist, nein. Die Aufgestiegenen Meister, unsere vorausgewanderten Geschwister, geben uns diese Rituale in die Hand, damit wir mit ihnen unser Leben und unsere Welt mit Licht erfüllen sowie Heilung, Liebe und Mitgefühl geben können.

Liste der für die Rituale benötigten Zutaten und Gegenstände

LADY NIGHTINGALE - *Das Ritual des Erwachens*
eine weiße Decke für den Altar, drei weiße Kerzen, Foto(s) von geliebten Menschen, Gegenstände (Bücher, Kristalle, Figuren), die für dich spirituelle Wahrheiten symbolisieren, ein Bergkristall.

SERAPIS BEY - *Das Ritual der Engel*
Weihrauchöl, weiße Federn, weiße Kleidung, eine weiße oder silberfarbene Kerze, ein runder oder quadratischer Spiegel, Weihrauch oder Myrrhe, evtl. Fotografien von geliebten Menschen.

LADY MIRIAM - *Die Rituale der Jahreszeiten*
Das Ritual des Frühlings
Blütenblätter einer oder mehrerer Rosen, weiße Kleidung, ein Strauß mit Frühlingsblumen in einer Vase, Schreibpapier und Stift, eine weiße Kerze, ein Kelch (oder Weinrömer oder einfach ein schönes Trinkgefäß), Wein oder Wasser, Brot , Blumen- oder Gemüsesamen.

Das Ritual des Sommers
Lemongrasöl, je zwei grüne, rote und gelbe Kerzen

Das Ritual des Herbstes
Bergamott- und Rosmarinöl, eine goldene oder orangefarbene Kerze, Kleidung in kräftigen Farben, z.B. Gold, Rot, Orange, Dunkelgrün.

Das Ritual des Winters
Orangen-, Weihrauch-, Zimt- und Ingweröl, dunkle Kleidung, eine schwarze oder violette Kerze, Schreibpapier und Stift, ein Glas Wasser oder eine Kristallkugel.

MUTTER MARIA - *Das Ritual der Göttlichen Mutter*
Erstes Ritual
Rosenöl, Aromalampe, Wasserschale, eine Schwimmkerze, eine Kerze (silbern, hellblau oder hellgrün), Dinge, die einen an die Kraft der Göttin

bzw. an die Göttliche Mutter erinnern: z.B. Muscheln, Sand, Perlen, Seesterne, Blumen, Farne, Blätter, Kristalle.

Zweites Ritual
eine Kerze, entweder rosa, grün oder hellblau, je eine weiße, rosafarbene und tiefrote Rose, ein wenig heiliges Wasser, Quellwasser oder Meerwasser.

JESUS - *Das Ritual des Göttlichen Vaters*
ein leichtes, blumiges ätherisches Öl, eine weiße Kerze, Aromalampe, ein Kelch (oder Weinrömer oder einfach ein schönes Trinkgefäß), Trinkwasser.

LADY PORTIA - *Das Ritual der Einweihung*
Patchouli-, Rosmarin- und Lavendelöl, schwarze Kleidung, Aromalampe, neun violette oder schwarze Kerzen, eine weitere beliebige Kerze, Metallgefäß mit Untersatz, Notizpapier und Schreibstift.

EL MORYA - *Das Ritual des Schutzes*
Weihrauchöl, frischgewaschene Kleidung, eine weiße, silberfarbene, goldfarbene oder violette Kerze, evtl. etwas Salbei oder Lavendel zum Verbrennen.

KWAN YIN - *Das Ritual des Mitgefühls*
Neroliöl, naturweiße oder rosafarbene Kleidung , eine hellrosafarbene Kerze, Gegenstände, die Mitgefühl in dir auslösen, z.B. Fotografien von Tieren oder geliebten Menschen, Aromalampe oder Räucherstäbchen.

SAINT GERMAIN - *Das Ritual der Transformation*
Erstes Ritual
eine violette Kerze, ein Gegenstand, der mit der zu transformierenden Situation in Verbindung steht, z.B. eine Fotografie, ein Ehering ...

Zweites Ritual
Metallgefäß mit Untersatz, Lavendelöl, sieben violette Kerzen, Schreibpapier und Stift, Lavendelblüten oder -kraut

LADY NADA - *Das Ritual der Freude*
Rosmarin- und Rosengeraniumöl, eine rosafarbene Kerze, einen Kelch (oder Weinrömer oder einfach ein schönes Trinkgefäß), Wein oder Wasser, etwas Brot, ein Blumenstrauß oder eine einzelne Blume in einer Vase, eine kleine Glocke

DJWAL KHUL - *Das Ritual der Gelassenheit*
eine weiße Kerze

WOTTANA - *Das Ritual der Erde*
evtl. ein kleiner persönlicher Gegenstand oder eine Fotografie, ein paar Maiskörner oder etwas Tabak

Zu den Symbolen

Die Symbole oder Siegel der Aufgestiegenen Meister sind zweidimensionale, farbige Repräsentanten der Energie, des Bewußtseins und der Schwingung der Aufgestiegenen Meister.
Sie sind Schlüssel, Türen und Fenster zu den Lords und Ladies von Shambhala und können dazu verwendet werden, eine energetische Manifestation der besonderen Kräfte, der Gegenwart und des Bewußtseins der Meister herbeizuführen.
Diese Symbole sind in ihrer Anwendung völlig sicher, denn sie werden vom Bewußtsein der Meister selbst überwacht. Sie wurden von Edwin und Graham Courtenay gechannelt und sind auch als Postkarten, Poster und Fensterbilder erhältlich.
Obwohl diese Symbole rechtlich vor weiterer gewerblicher Verwendung geschützt sind, gestatten Autor und Verlag dem geneigten Leser ausdrücklich, die Symbole für private Zwecke zu verwenden, sofern kein kommerzieller Nutzen daraus entsteht.

Kurze Beschreibung der Symbole

LADY NIGHTINGALE
Zwei fünfeckige Figuren in Kreis. Alles hellbraun.

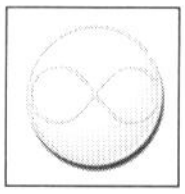

SERAPIS BEY
Lemniskate (Unendlichkeitszeichen) in Kreis. Alles weiß.

LADY MIRIAM
Gleichseitiges Dreieck und viereckige (Drachen-) Form in einem Kreis. Alles grasgrün.

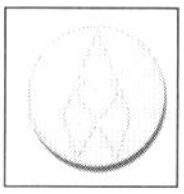

KUTHUMI
Herz in siebeneckiger Form in Kreis. Alles buttergelb.

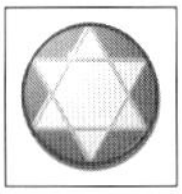

MUTTER MARIA
Zwei gleichseitige silberne Dreiecke (auch als Stern Davids bekannt) in blauem Kreis.

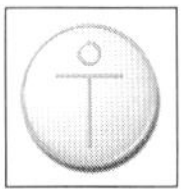

JESUS
Kleiner goldener Kreis und T-Form (stilisierter menschlicher Körper) in goldenem Kreis.

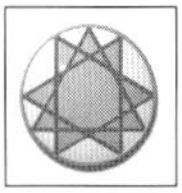

LADY PORTIA
Drei violette gleichseitige Dreiecke, die einen Stern formen, in einem silbernen Kreis.

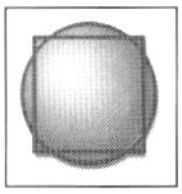

EL MORYA
Blaues Quadrat auf blauem Kreis.

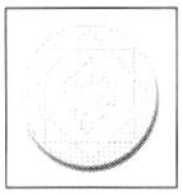

KWAN YIN
Flamme in zwei Quadraten in Kreis. Alles opalisierend perlweiß.

SAINT GERMAIN
Siebenstrahliger silberner Stern in violettem Kreis.

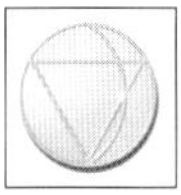

LADY NADA
Goldenes gleichseitiges Dreieck und silberner Halbmond in goldenem Kreis.

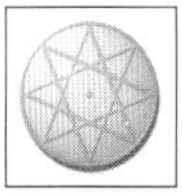

DJWAL KHUL
Achtstrahliger Stern, mit Punkt in der Mitte, in Kreis. Alles türkisfarben.

WOTTANA
Vier in der Mitte geknickte Linien, von oben nach unten reichend, darüber zwei Dreiecke, eins nach links und eins nach rechts zeigend, im Kreis. Alles hellbraun.

Meinen Dank an:

HANS-JÜRGEN MAURER, Funke der Motivation und Bewahrer des Traums dieses Buches,
POLLY WILLMINGTON, meine Aufpasserin und Gefährtin beim Channeln,
FRANK HUBER und EVA-MARIA FIEBELKORN für ihre Ermutigung und ihren Enthusiasmus,
GRAHAM COURTENAY für seine begleitenden Symbol-Channellings und den Entwurf für das Buchcover,
RUTH und WOLFGANG DENZINGER, SIGRID HEIERMANN-WALTJEN und ELFI WALTHER-WEISSMANN, die mich nach Deutschland geholt haben,
CAROLE HUMBER für ihre Ermutigung, Liebe und Organisationsgabe,
DAWN MATTHEWS, meine Seelenschwester,
ANDREW LIDSTER, mein ältester Freund,
VERONICA BRAITHWAITE, meine Gefährtin auf dem Weg,
PAUL HARRISON, der meine Visionen teilt,
und ANGUS MACKIE, mein Schüler und Lehrer.

Und schließlich auch DAVID MATTHEWS, MICHAEL ELEY und ANTON KIMBERLEY, die mich mit Herausforderungen konfrontierten, an denen ich wachsen durfte.

Mögen die Götter euch alle segnen!

Der Autor

Edwin Courtenay, Jahrgang 1971, wuchs in Yorkshire, England, auf. Im Alter von vier Jahren hatte er seine erste hellsichtige Erfahrung, in der ihn seine Großmutter besuchte, die einige Monate zuvor verstorben war.
Edwin hatte eine ungewöhnliche Kindheit, die er in enger Kommunikation mit der geistigen Welt verbrachte.
Nach einem Jahr der Übung und des Lernens gewann Edwin im Alter von sechzehn Jahren die bewußte Kontrolle über seine hellsichtigen Fähigkeiten. Mit achtzehn Jahren begann er sein Potential als Medium zu entwickeln. Seit dem zweiundzwanzigsten Lebensjahr channelt Edwin Geistführer, Engel und Aufgestiegene Meister für andere Menschen. Heute, mit sechsundzwanzig Jahren, ist Edwin, der sich als Mittler sieht, weithin bekannt als Führer und Lehrer, durch den das Göttliche in seinen vielen Formen und Gestalten seine Kinder zurück ins Licht, in die Liebe und in den Frieden führt.
Edwin lebt in Surrey, Südengland, und genießt sein Leben, das aus einer fein abgestimmten Mischung aus spirituellen Mysterien und physischen Freuden besteht.

Edition Sternenprinz

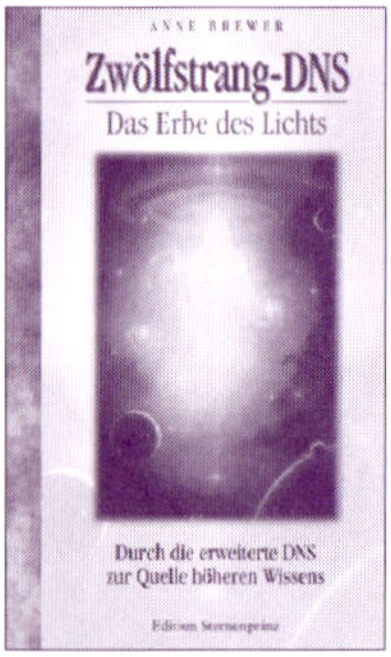

ISBN 3-929475-88-X

Anne Brewer
Zwölfstrang-DNS

Anne Brewer beschreibt erstmals die Neuordnung der DNS sowie die notwendigen Rituale und Klärungsübungen, mit denen wir wieder Zugang zu zwölf statt nur zu zwei Ebenen der Information bekommen.

240 Seiten, gebunden
€ (D) 17,90; SFr 30,50

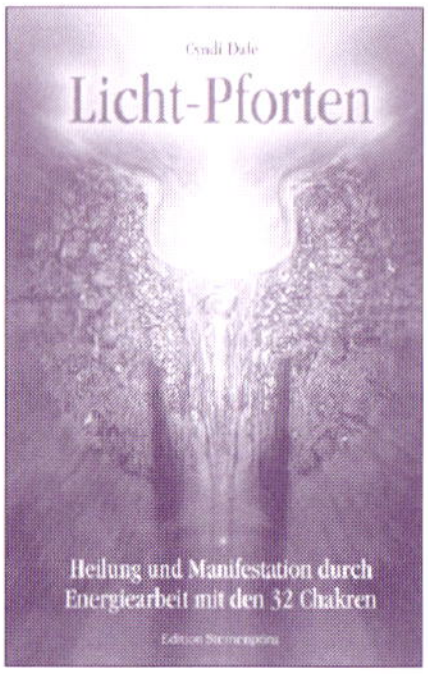

ISBN 3-929475-99-5

Cyndi Dale
Licht-Pforten

Heilung und Manifestation durch Energiearbeit mit den 32 Chakren

Das komplette Handbuch zur feinstofflichen Energiearbeit – mit bahnbrechenden neuen Erkenntnissen und kraftvollen Übungen!

4 Farbtafeln, 37 s/w-Illustrationen
340 Seiten, gebunden
€ (D) 20,90; SFr 35,30

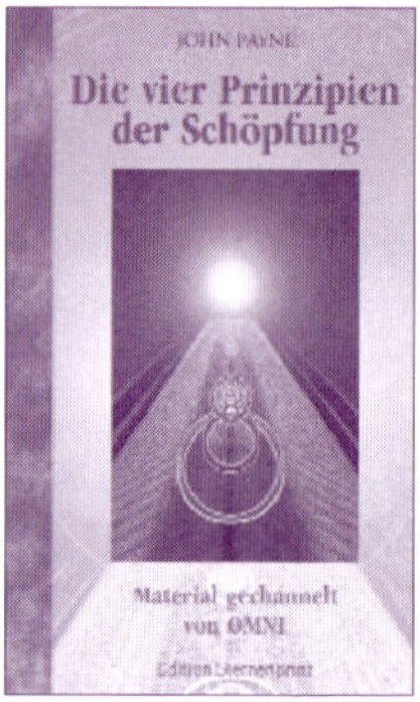

ISBN 3-934647-39-1

John Payne
Die vier Prinzipien der Schöpfung

Auf inspirierende Weise zeigt uns Omni, daß es unser göttliches Geburtsrecht ist, bedingungslose Liebe zu genießen, ebenso wie Wohlbefinden, Fülle und schöpferische Selbsterfahrung.

170 Seiten, gebunden
€ (D) 17,90; SFr 30,50

ISBN 3-929475-89-8

Neale Donald Walsch
Ich bin das Licht!

Die kleine Seele spricht mit Gott

Diese schlichte und dabei so kraftvolle Geschichte vom Autor der „Gespräche mit Gott" möchte den Kindern helfen zu verstehen, warum manchmal „schlimme" Dinge geschehen.

Großformat, durchg. 4-farbig
32 Seiten, gebunden
€ (D) 14,90; SFr 25,80

ISBN 3-929475-90-1

Sherab Chödzin & Alexandra Kohn
Die Weisheit der Krähen

Buddhistische Märchen

Von buddhistischen Idealen wie Großzügigkeit, Humor, Mitgefühl und vom Leben nach dem Tode handeln diese bezaubernden Geschichten aus Asien.

Großformat, durchg. 4-farbig
80 Seiten, gebunden
€ (D) 16,90; SFr 29,–

Shahastra
Der wunderbare Regenbogenmann

Der Regenbogenmann nimmt drei Kinder mit in sein Farbenland, wo ihnen die Engel die Wirkung der Farben erklären.
„It's the best!" Chris Griscom

Mit Aufklebern
48 Seiten, kartoniert
€ (D) 14,90; SFr 25,80

Weitere Informationen zum Thema Lichtarbeit, zu Lichtkörper-Essenzen u.v.m. bei:

Edition Sternenprinz, Poststraße 3, D-79098 Freiburg